기적의 숫자 퍼즐

네모네모

nemonemo logic

로직

제우미디어 편저

nemonemo logic 고급편 2

Contents

nemonemo logic 고급편 2

네모네모 로직 실전 풀이법

설명의 순서대로 한 번만 따라 칠해보면 로직해법을 마스터할 수 있습니다!

한번만 따라하면

해법이 머리에 쏘옥~

거길 네모 속에 칠해 주세요!

자! 펜을 들고 따라해 봅시다!

■ 기본 규칙

- 숫자는 연속해서 칠해야 하는 칸 수를 의미한다.
- 여러 개의 숫자가 함께 있을 때는, 숫자와 숫자 사이에 반드시 한 칸 이상을 띄고 칠해야 한다.
- 확실히 칠할 수 없는 칸은 X로 표시해 두자.
- 완성된 숫자는 O로 표시해 두자.

1

일단 문제를 보자. 문제의 크기는 5X5이다.

❶ 위쪽의 3은, 해당하는 세로줄의 다섯 칸 중에서 세 칸이 연속해서 칠해져야 한다는 뜻이다.

❷ 왼쪽의 2, 2는 해당하는 가로줄의 두 칸을 연속해서 칠한 후, **한 칸 이상을 띄고** 다시 두 칸을 연속해서 칠해야 한다는 뜻이다.

		❶3	4	4	4	3
❷	2	2				
		5				
		5				
		3				
		1				

2

왼쪽의 5는 다섯 칸이 연속해서 칠해져야 하니 다섯 칸을 모두 칠하고, 완성된 5에 ○로 표시해 두자.

		3	4	4	4	3
2	2					
	⑤					
	⑤					
	3					
	1					

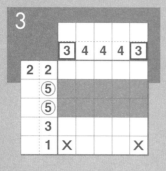

위쪽의 3은, 세 칸이 연속해서 칠해져 야 하니 맨 밑줄은 칠할 수 없게 된다. X로 표시해 두자.

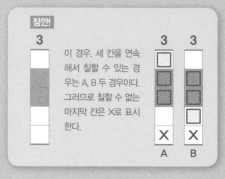

잠깐!

이 경우, 세 칸을 연속 해서 칠할 수 있는 경 우는 A, B 두 경우이다. 그러므로 칠할 수 없는 마지막 칸은 X로 표시 한다.

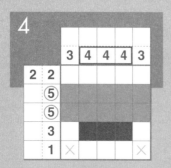

위쪽의 4는, 네 칸이 연속해서 칠해져 야 하니, **경우의 수를 따져보면** 네 번 째 줄은 모두 칠해지게 되어있다.

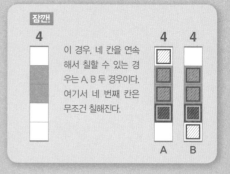

잠깐!

이 경우, 네 칸을 연속 해서 칠할 수 있는 경 우는 A, B 두 경우이다. 여기서 네 번째 칸은 무조건 칠해진다.

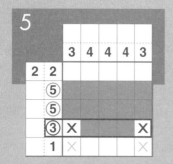

이렇게 되면, **왼쪽의 3이 완성**된다. 완성된 3에 ○로 표시해 두고, 네 번째 줄의 양 옆을 X로 표시해 두자.

6

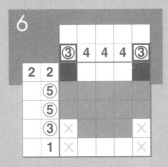

위쪽의 3을 다시 보자. 네 번째, 다섯 번째 줄이 ×로 표시되어 있으니, 자연스럽게 **첫 번째 줄을 칠해야 3이 완성**된다. 완성된 3에 ○로 표시해 두자.

7

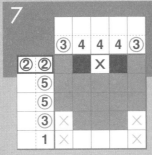

왼쪽의 2는 두 칸이 연속해서 칠해져야 하니, 두 번째 칸과 네 번째 칸을 칠해야 2가 완성된다. 세 번째 칸은 ×로 표시하고, 완성된 2에 ○로 표시해 둔다.

8

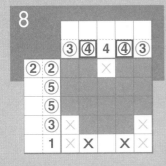

이렇게 되면 위쪽의 두 번째, 네 번째 4가 완성된다. 완성된 4에 ○로 표시해 두고, 맨 밑줄을 ×로 표시해 둔다.

9

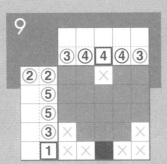

자, 이제 남은 것은 위쪽의 4와 왼쪽의 1이다. **맨 밑줄의 남은 한 칸을 칠하면**, 위쪽의 4이자 왼쪽의 1이 완성된다.

												1	2
				1			4	4			2	1	5
			6	3	4	3	1			2	1	1	1
			2	1	4	1	2	10	1	1	1	1	
			10										
	1	5	2										
1	4	1	1										
1	4	1	1										
	1	2	2										
			6										
	3	1	3										
		3	1										
1	1	2	3										
		2	3										

잠깐!

네모 로직의 문제 크기가 큰 경우, **큰 숫자부터 공략하는 것**이 효과적이다.

표시된 줄을 살펴보면,
한 줄인 열 칸 중에 열 칸 모두 연속해서 칠해진다.
이렇게 큰 숫자부터 칠해놓고 나면,
오른쪽 상단의 6이 맨 윗칸부터 연속해 칠해지게 되므로,
나머지 경우의 수를 쉽게 풀어갈 수 있다.

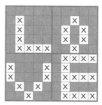

■■■■■■■■■■■■■ 중요한 로직 풀이 Tip! ■■■■■■■■■■■■■

문제의 크기가 큰 로직 중에는 위의 설명만으로 해결되지 않는 것이 있다.
그럴 때 이것만 기억해 두면 손쉽게 풀 수 있다.

위에서부터 칠했을 때와 **아래에서부터 칠했을 때**를 생각한 후 **겹쳐지는 칸이**
어디인지를 찾는다. 점을 찍어가며 생각하면 편하며, 이때 숫자의 순서는 반드시 지킨다.

① 한 칸에 점을 찍고, 한 칸 띄고 6칸에 점을 찍는다.
② 뒤에서부터 6칸에 점을 찍고, 한 칸 띄고 한 칸에 점을 찍는다.
③ 겹치는 부분을 찾아 칠한다.

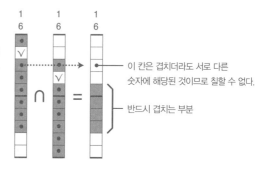

이 칸은 겹치더라도 서로 다른 숫자에 해당된 것이므로 칠할 수 없다.

반드시 겹치는 부분

NemoNemo Logic 고급편 2

PART A

SIZE : 30×30　35×35

난이도 ●●●●○○○

A01 빳빳하게 옷을 다려요

Column clues (top to bottom, columns 1–30):

Column	Clues
1	6
2	5 1 2
3	2 1 2
4	5 1 2
5	5 2 1 2
6	4 2 2 1 2
7	2 1 1 2 1 2
8	2 2 2 2 1 2
9	2 3 3 1 2
10	2 3 1 2
11	1 3 1 1
12	2 10 1 1
13	1 2 2 1 1 2 1
14	2 2 2 1 1 1 2
15	1 1 1 1 1 1 2
16	2 1 3 1 1 1 2
17	1 2 1 1 2 2 2 1
18	1 1 1 3 1 1 2
19	1 2 2 1 2 2
20	1 2 1 2 1 2
21	1 2 1 1 2 2
22	1 2 1 2 2 1 1
23	1 4 1 2 2 1
24	2 2 2 1 2 2
25	3 2 1 2 2 2
26	5 2 1 3 2
27	2 1 1 3 2
28	7 2 2 2 2
29	12 2 2 2
30	5 11 2

Row clues (left to right, rows 1–30):

Row	Clues
1	1
2	2
3	9 2
4	3 2 3
5	3 1 3
6	3 4 2 2
7	2 7 1 2
8	2 4 1 4
9	2 2 7
10	2 2 8 2
11	1 1 4 1
12	3 1 3 2
13	2 2 3 3 3
14	1 1 2 1 3 1
15	2 2 1 2 3 1
16	4 6 3 1
17	2 2 3 1
18	1 3 4 2
19	1 9 3
20	8 2 1
21	8 2 2
22	1 3 4
23	1 3 3
24	1 4 3
25	2 3 4
26	1 5 5
27	13 4 2
28	1 6 5
29	16 5
30	10 4

난이도 ●●●●○○○

A02 따듯하게 물을 데워요

																3	3												
								2	2	1	1	1	3	3	3	1	1												
							9	1	8	3	2	2	1	1	4	3	3	3	3	3	3	4	4						
							2	1	2	1	1	1	1	1	1	1	1	4	1	1	1	1	1	2	2				
	2	3	3	2	4	7	3	2	3	4	3	2	1	1	1	1	1	3	3	3	3	2	2	9	7	11	3	9	
3	6	2	2	2	1	2	1	2	3	9	3	2	1	1	1	1	1	1	1	1	1	2	2	2	3	4	5	2	1

				11
			2	11
			1	13
		2	2	4
	1	2	1	1
	1	1	1	1
	1	2	1	1
1	1	2	1	1
1	1	1	1	3
	1	1	10	3
	1	3	4	5
	1	1	4	3
		1	1	3
		1	3	4
	3	1	14	2
7	1	3	5	2
4	3	2	9	1
		1	5	2
		1	2	1
		1	2	1
		1	4	1
		1	4	1
		1	2	1
		1	1	2
		1	1	1
		2	1	2
		2	2	2
		3	4	4
			7	7
				18

난이도 ●●●●○○○○

A03　탁구를 즐기려면 꼭 필요한 준비물

Column clues (top → bottom, one block per column, 30 columns):

c1	c2	c3	c4	c5	c6	c7	c8	c9	c10	c11	c12	c13	c14	c15	c16	c17	c18	c19	c20	c21	c22	c23	c24	c25	c26	c27	c28	c29	c30
																	2									1			
	3	2	1	2								2	1				4								1	2	2		
	3	2	1	1	1	1	1					1	1	2		2	1	11	1	5	2	2	1	3	5	5	3		
13	3	2	3	2	2	2	1	1	1	1	1	3	2	4	6	2	15	1	1	1	3	1	2	3	3	3	4	15	11
1	1	1	1	1	1	1	10	2	2	2	1	6	2	2	2	2	9	2	2	2	9	5	2	2	2	2	2	2	2

Row clues (left → right, 30 rows):

Row	Clue
1	7 4
2	3 3 2 2
3	3 2 1 2
4	2 2 1 2
5	1 6 3
6	2 1 8
7	1 2 4 3
8	1 2 2
9	1 2 2
10	1 2 2
11	1 2 2
12	1 2 2
13	1 2 2
14	1 2 2
15	1 2 2
16	1 2 2
17	1 3 2
18	2 2 2
19	1 3 3
20	16 2
21	2 1 1 2 3
22	2 1 1 16
23	3 6 1 1 3
24	2 3 3 1 3
25	1 2 2 3
26	1 2 1 2
27	7 8 9
28	12 9
29	5 6
30	5

난이도 ●●●●〇〇〇

A04 꾸준히 해야 해요

세로(열) 힌트 — 위에서부터 쌓인 순서

줄	숫자
1	1 · 4
2	3 · 2 2 · 4 1
3	5 4 1 · 2 1 2 3 · 2 3 2 2 1 · 6 1 4 5 · 7
4	7 1 5 1 · 1 2 4 1 7 · 3 2 2 1 1 1 · 1 2 2 · 1 · 10 8 7 10 2
5	17 1 2 2 2 · 2 5 1 1 1 4 · 3 3 1 2 2 2 3 · 3 2 1 11 3 · 1 1 1 4 3 3
6	2 3 2 2 2 · 2 5 2 2 2 2 · 3 4 2 2 3 · 3 2 2 2 1 · 2 3 3 3 3 · 4 4 15 10 9

가로(행) 힌트

행	숫자
1	6 8
2	6 1 12
3	5 1 14
4	4 2 14
5	3 1 2 4 7
6	2 1 2 3 6
7	2 3 1 5
8	4 4 4
9	1 1 2 3 2 1
10	1 1 1 2 2 5
11	1 4 1 1 6
12	1 2 2 2 1 2 5
13	1 2 2 6 5
14	1 2 1 1 7 1 4
15	1 1 1 1 1 2 4
16	1 2 2 1 1 1 3
17	1 1 4 1 2 3
18	1 1 1 3 1 1 3
19	4 1 2 1 1 1 3
20	3 6 2 3
21	2 1 6 1
22	2 4 2 2 2
23	2 2 2 8
24	2 1 2 3
25	2 2 3
26	2 2 3
27	6 2 3
28	14 3
29	13 3
30	8

난이도 ●●●● ◦ ◦ ◦

A05　고담시를 지켜줘요

난이도 ●●●● ○○○○

A06 소금구이가 정말 최고예요

세로 힌트 (열)

```
                    2
                    2
          1     2 2 1     1     1   1               1         1 1     1                 2
        4 1 2 2 7 2 2 1 2 1 2 1 2 1 3 2 1 1 1 1 6 4 3         1 3   2 3
        3 1 3 2 2 2 2 2 2 2 1 2 1 3 6 8 9 2 5 3 2 4 2 2 2 2     1 6
        1 1 3 3 1 2 5 2 2 2 5 4 3 3 1 1 1 1 1 1 1 1 5 6 2 5 2 4 15
        1 1 1 1 2 4 4 2 2 4 2 3 3 2 1 1 1 2 1 1 3 4 5 6 6 1 6 9 1 11
        3 2 4 4 1 4 4 3 4 3 3 1 5 6 2 3 3 4 7 8 5 1 2 2 4 2 4 4 2 4
```

가로 힌트 (행)

```
                3 8
                3 4
                3 3
              2 3 6
            2 3 3 6
          2 2 3 3 3
        2 2 3 2 2 3
        1 2 2 2 2 3
        1 2 2 3 2 4
        2 4 2 2 2 2
          6 2 2 2 2
          3 2 7 3 2
          3 4 11 2
        1 2 4 1 3 3
        4 6 1 2 2 4
        5 6 1 1 1 8
       13 1 1 3 3
          4 2 2 5 4
          7 2 2 2 6
              2 1 12
            1 1 1 6
                1 9
                2 5
                 14
                4 7
                7 5
            9 2 5 6
      1 9 9 2 2 1
          4 6 7 8
          6 4 3 2 6
```

난이도 ●●●● ○ ○ ○

A07 도토리를 좋아해요

Column clues (top), read per column group:

```
                          2     1 2
                3         2     1 3 1
                2       1 2   2 3 1              4
            2 5 5 4 3 3 3 2 1 4     3 2 5           1
          2 10 2 1 4 1 2 2 4 1 1 3 1 2 5 2 2 7   6     3           2 2
          6 1 1 1 3 1 3 5 4 2 1 3 1 1 2 2 3 3 8 3 4   5 2 1 4 2 2 2 1 2 2 9
          7 6 5 6 6 6 5 1 3 2 1 5 1 1 2 2 1 1 1 4 2 3 9 1 3 4 4 4 10 7 1 2 2 23
          2 2 2 1 2 2 3 3 1 1 2 1 1 10 3 2 1 2 2 1 3 4 3 1 1 1 1 1 2 2 2 2 1
```

Row clues (left):

- 3 3
- 4 4 3
- 1 2 10 4
- 1 3 7 4 8
- 1 3 3 2 4 2 2
- 2 3 2 5 2 2
- 2 1 2 4 2 1
- 3 1 2 2 2 1
- 3 2 3 2 1 3 1
- 2 2 3 1 1 1 1 1
- 1 1 2 1 3 1 1
- 3 1 2 2 2
- 3 1 2 3 7
- 1 2 3 2 6
- 5 4 2 5
- 3 6 2 5
- 5 1 2 4
- 2 1 2 1 2 3
- 1 3 4 1 1 2
- 2 2 4 2 2
- 13 2 1
- 8 2 1
- 7 7 2 1
- 9 4 3 2 1
- 14 2 2 1
- 3 2 2 2 1
- 2 2 2 1
- 1 2 2 2
- 1 2 2 2
- 1 2 5
- 2 3 3
- 2 3 3
- 5 6 3
- 3 3 2 5 3 5
- 12 12

난이도 ●●●●○○○

A08 호로록~ 한 젓가락 하세요!

Column clues (top to bottom):

Column	Clues
1	1 1 2 1 6
2	5 1 6 1 2 7
3	2 1 1 1 2 1 2 2
4	2 1 2 2 3 1 6 2
5	2 1 1 1 1 5 7
6	2 1 1 2 2 1 2
7	2 1 3 1 2 2 6
8	2 1 1 3 1 1 1 2 2 2
9	5 1 3 3 1 2 2 2
10	1 5 1 1 4 1
11	6 3 1 1 4 2
12	4 1 2 2 3 1
13	2 2 3 1 2 3 1
14	1 2 5 1 1 2 1 1
15	1 4 1 1 3 1 1
16	1 2 13 3 1
17	3 1 3 2 2 1 1
18	7 18 1 1
19	2 1 1 3 1
20	3 1 16 1 1 1
21	3 3 1 1 11 1 2 1
22	1 2 2 1 5 1 1 1 1 2 1
23	2 1 1 2 1 1 3 1 2
24	1 1 1 4 4 2
25	4 1 1 1 2 3
26	3 1 1 2 1 5
27	3 1 1 7 2
28	1 1 1 8
29	2 7 4 3
30	3 3 2 3 2
31	2 1 1 1 3 2
32	5 1 1 3 2
33	4 2 4 2
34	2 6 3
35	18 5

Row clues (left to right):

Row	Clues
1	1 1 1 2 3 3 4
2	1 1 1 2 2 2 4
3	1 1 1 2 2 2 1 2
4	8 1 1 2 2
5	9 1 1 5 1
6	1 1 1 1 2
7	10 4 2 1 1
8	2 1 4 5
9	5 1 2 2 2
10	3 1 1 1 7 2
11	2 5 1 4 1
12	2 3 11 4 1
13	3 1 6 2 1 2 1
14	1 2 3 1 1 1 1 1
15	5 3 2 1 1 1 1 1
16	2 1 1 1 1 3 1 1
17	5 1 1 1 2 1 1
18	1 1 1 1 2 1 1
19	1 2 1 1 2 1 1
20	2 2 1 1 2 4 1
21	7 5 1 11 1
22	5 1 1 2 1 1
23	4 5 1 5 1
24	4 4 1 1 2 3 2
25	1 1 2 3 2 2 3
26	1 1 2 7 4 9
27	5 1 4 2 3 2 9
28	5 2 2 2 2 14
29	1 1 8 2 2 2 3 2
30	1 1 1 5 1 1 4 2 1
31	1 1 1 11 3 1
32	4 1 1 2 2
33	4 2 2 8
34	3 5 6
35	17

난이도 ●●●● ○○○

A09 파란 외계 생명체 626호

세로 힌트 (열):

열
2 2 10 1 3 2 14 1 2
2 9 3 1 2 1 9 2 3
9 2 3 1 2 1 1 2 2
5 2 3 1 1 2 1 2 2
10 1 1 6 5 1 1 2
1 5 10 2 1 1 5
3 2 1 1 4 5 1 1
2 5 1 10 1 2 1
1 3 4 2 4 2 1
5 2 6 6 2 2 1
3 6 6 2 3 1 4 2
3 2 6 3 3 3 2
2 1 2 1 3 3 2
1 4 5 1 1 3 2 2
1 1 2 3 1 7 1 1 3
2 5 2 7 1 1 3
1 1 3 2 1 1 2
2 1 2 2 3 2 3 1
1 2 1 2 3 4 1
4 2 1 1 2 3 1
2 2 2 2 3 5 2 1
3 1 2 3 3 2 1
1 3 9 4 9 1
1 2 2 5 2 2 1
3 2 3 4 1 1 1
1 3 2 9 3 1 5
3 2 8 1 2 2
2 3 3 1 1 1
2 2 2 2 2 6
2 1 2 6 3 8
6 2 2 8 2

가로 힌트 (행):

행
4 7 6
3 4 3 3 1 1 1 2
4 3 1 1 3 1
1 4 2 1 2 2 3 1
8 1 1 1 1 3 1
10 4 6 1 3 1
1 4 2 5 3 2 2
5 2 3 1 2 1 2
2 2 1 2 1 2 1 1 4
3 2 2 1 3 2 3
3 1 2 2 4 2
3 1 1 1
3 2 2 1
3 3 1 3 2
5 1 1 3 2 5
4 1 1 3 3 4 2
5 3 8 3 3 1 2
2 1 3 6 2 2 1 1
1 4 2 3 2 5 1 1
1 1 3 2 2 1 2 2 2 1
1 4 3 1 2 1 2 2 2 1
1 1 2 1 4 1 2 4 1
1 2 1 2 4 3 4 3 1
1 3 1 1 2 1 7 3 3
2 1 2 5 2 2 1
3 1 4 3 1 2 2
3 3 13 1 3
8 11 6
2 7 6
3 3 1
6 10 4
4 1 6 3 1 2
1 4 1 10 2 3 2
7 1 4 5 2 4
1 2 8 3 12

난이도 ●●●● ○ ○ ○

A10 공을 차며 달려요!

(네모네모로직 / 노노그램 퍼즐 — 가로·세로 숫자 힌트)

세로 힌트 (위):

			1 2							2 1		2 2 1		2 1			1 2					2 2		2 2 1		2 1 1 2

(세로 힌트 숫자 열)
```
1 3 7 3 3          2 1   2 5 5 3     2 2 1      1          2 1  2 2   2 2 2 1
1 4 5 4 2   2 2   1 2 2 5 5 1 1     1 2 1 2   2   6 1 1 2  1   1 1 1 1 1 4
3 1 1 2 10  2 4 5 5 2 2 3 1 3 5 8 1 1 1 1 1   3 8 1 4 7 7 1 4 2 1 1 1 1 1 1
1 1 1 6 12  4 1 7 8 5 1 7 2 6 6 1 1 1 1 1 3 3 5 7 4 6 1 2 2 1 1 1 1 1 1 1
1 2 2 1 1   1 1 1 1 3 7 3 2 6 6 1 7 7 7 6 8 3 5 8 2 2 3 3 2 6 8 4 1 1 1 1
5 4 4 3 3   3 4 4 5 1 4 5 1 1 7 11 2 1 1 2 9 1 1 1 1 3 4 6 1 1 1 1 1 2
```

가로 힌트 (왼쪽):

```
4 3 5 8 2 6 1
2 5 3 10 3 6
3 1 1 2 3
1 1 1 3 2 3
1 2 1 1 3
7 1 2 2
2 2 2 2
2 7 3
1 1 1 2 4 2
1 1 6 2
3 5 3
4 6 5
5 2 1 3 6
3 3 2 5 1 7
2 7 1 6 2
8 3 1 2 2
14 1 2 3
4 4 1 2 3 1
1 1 5 1 1 2 1
1 2 1 1 1 3 3
4 2 1 1 6
7 4 14 6
3 3 14
25 2 5
2 2 10 2
6 2 2
5 6 2 1
2 1 6 1 3 2
2 1 4 1 6
1 1 5 1 6
2 2 1 4 1 5 8
3 3 1 7 5
9 1 2 6
7 1 1 1 1
5 2 6
```

난이도 ●●●●● ○○

A11 야옹~

(네모네모로직 / 논리 퍼즐 격자 — 가로·세로 힌트)

가로 힌트 (위에서 아래로):

- 2 2 3
- 6 1 2
- 6 1 3 2
- 4 7 3 4
- 2 4 2 2 3 3 1
- 5 3 2 9 3 1
- 2 2 3 3 9 1
- 2 2 3 1 2 2 3 4 1
- 3 3 1 2 1 2 3 2 2
- 3 2 1 2 3 2 1 2 2
- 4 2 1 1 3 1 4
- 1 2 1 1 1 3 4 3
- 2 3 1 4 6 3
- 2 3 1 1 4 4
- 2 2 3 1 2 4 4
- 3 1 3 2 3 1 2
- 3 5 2 1 2 2
- 4 6 4 1 2 1
- 6 2 2 2 10 1
- 1 5 1 3 2 5 1
- 1 6 4 1
- 2 2 6 1
- 7 3 2 1 1
- 6 2 3 2 1
- 3 1 4 6
- 4 1 3 2 4
- 1 4 2 8 3 2
- 1 7 1 3 2 10 2
- 4 6 2 2 3 5
- 3 4 5 1 3 3
- 2 3 6 1 4 2
- 5 4 4 2 1
- 3 3 4 8 2
- 6 4 5
- 6

난이도 ●●●●● ○ ○

A12 짝짝짝!

Column clues (top → bottom, as printed):

```
                    5 5   5 5     4 4                       2 1
              1 1 3 3 1   4 1 4     4       3 3 12 3 3      1 6 2
        8 8   6 1 2 1 2 2 1   4 2   14 4 6 1 1 6   3 3 5  5 8 1 1   1
      4   9 2 2 10 2 6 2  6 1 3 2  2 2  3 2 2 7 2  4 5  5 1 1 3  4 3 13
15  4 3 3 3 1  2 6 2 2  2 6 2 4  2 2 2  1 2 2 2  7 2 2 1  1 2 1  2 3 5 2 2  3 3 3 3  3 3 4  6 7 8 9 18
```

Row clues (top → bottom):

1. 3
2. 1 2
3. 8 1 3
4. 14 2 1 1 1
5. 15 1 2 3 4
6. 15 1 1 1 1 4 1
7. 9 4 1 1 3 1 1 1
8. 5 1 1 3 1 1 1
9. 4 1 2 1 3 1
10. 4 4 3 2 1 2 1
11. 4 2 4 1 1 2 1
12. 2 1 2 2 1 1 3 1
13. 1 1 1 1 2 1 1 1
14. 1 2 1 2 1 2 1
15. 2 1 2 1 1 1
16. 2 4 1 1 2 1 1
17. 2 3 2 1 1 1 1
18. 1 2 2 2 1 1
19. 1 2 2 1 1 1 1
20. 1 7 2 2 1 1
21. 7 3 2 2 1
22. 9 2 6 1
23. 4 4 2 7 1
24. 2 7 7 1
25. 1 2 1 1 1 1
26. 1 2 2 2 1
27. 1 2 1 1 2
28. 1 2 2 1 3
29. 1 2 2 1 4
30. 1 2 2 2 6
31. 1 2 3 1 3 5
32. 1 2 2 1 6
33. 2 6 1 10
34. 2 8 13
35. 2 7 13

난이도 ●●●●● ○ ○

A13　○○ 같은 눈망울

Row clues	col1-5	col6-10	col11-15	col16-20	col21-25	col26-30	col31-35
4 4 1 4 7							
1 2 2 7 6 4							
2 2 2 1 5 11 1							
9 2 5 3 2 3							
2 2 7 11							
3 3 4 2 7 7							
4 2 2 8 6 1							
2 2 1 2 9 3							
2 1 1 1 5 2							
4 1 2 1							
2 1 4							
5 1 4 2							
2 1 1 7 3							
3 2 1 3 4 1							
3 3 5 3 2 1							
6 4 2 1 2							
4 3 2 2 3							
2 1 3 3 2 1							
2 1 2 2 3 2 1							
4 3 2 1							
8 1							
6 1 1							
1 3 1 1							
2 1 3 4 1 2							
4 3 1 2 8 2							
7 1 2 6 2 1							
3 1 2 1 2 3 1							
1 1 3 1 2 3 1							
3 2 2 1 2 1 3 3 1 1 1							
9 4 9 3 1							
1 3 3 5 2 5 3 1							
4 4 3 1 8 3 1							
1 1 1 1 1 1 1 1							
5 4 4 4							
5 4 4 4							

Column clues (top-to-bottom, left to right):

Col	Clue
1	3 3 3 3 3
2	4 4 3 2 1
3	1 2 3 3 4
4	1 1 2 3 17
5	3 1 1 1 1 2 2
6	1 4 3 2 4 1
7	1 2 11 2 2 6
8	1 3 1 4 6 2
9	1 3 2 7 2
10	1 3 6 8 2
11	2 1 1 2 3
12	1 1 2 4 5
13	2 6 1 2 6
14	1 2 2 5 2
15	1 2 5 2 6
16	2 5 2 2 2
17	1 4 2 1 2 6
18	2 5 1 1 1 2 2 4 1
19	6 1 1 2 2 3 6
20	5 4 1 1 3 2 3
21	4 1 2 1 1 2 6
22	1 6 1 2 3 2 7
23	2 5 12 3 1 2 2
24	6 2 3 9 2 2 7
25	5 3 8 1 2 2
26	1 6 1 2 2 1
27	1 5 3 3 1 5 3
28	6 5 2 2 8
29	1 3 2 2 2 5
30	2 1 3 1 2 1
31	2 2 3 1 5 11

난이도 ●●●●● ○ ○

A14 가볍게 메고 다녀요

Row clues (top to bottom):

1. 3 3 8
2. 6 2 7 3 2
3. 9 3 7 6
4. 2 7 2 3 6 4
5. 2 5 2 2 4 5
6. 3 7 1 7
7. 2 2 4 3 2 5
8. 1 1 4 3 2 1 3
9. 2 5 1 1 1 2
10. 1 7 1 4 3
11. 2 3 3 1 2 2
12. 3 1 3 2 3
13. 6 4 4 1
14. 7 4 1 4
15. 2 3 4 7
16. 1 3 2 4 3
17. 7 3 1 1 3
18. 2 5 2 2 1 2
19. 1 4 2 1 2 1 1
20. 1 5 1 2 2 1 2
21. 3 5 1 1 3 2 1
22. 1 1 2 1 1 1 1 1 2 1
23. 5 2 4 8 5
24. 1 2 1 1 1 1 6 1
25. 1 1 1 1 9 5
26. 7 4 1 1 1 1
27. 1 2 2 1 1 2 1 1
28. 1 4 2 1 1 2 1
29. 1 2 1 3 1 1
30. 1 2 1 2 2 1
31. 1 3 1 1 2 1
32. 1 3 1 2 2 2
33. 2 4 2 4 1
34. 2 6 4 3
35. 17 13

난이도 ●●●●● ● ●

A15 물고기를 잡았어요

The puzzle grid with column and row clues for this nonogram puzzle:

Row clues (left side, top to bottom):

Row clues
1 11
5 14
2 15
3 2 7
3 1 1 1
4 1 10 6
2 2 3 4 1 1
4 2 7 4 6 1
1 1 1 2 2 1 2 2 1 4
1 1 2 2 1 2 1 3
4 2 1 1 1 4 2
10 2 8 3 4
4 2 14 1 1
3 3 3 3 2
16 15
7 10
6 1 6 3
4 1 5
4 8 2 2
2 2 1 9
1 2 1 5 2
1 2 4 2 2
2 1 8 1 2 3
1 3 1 6 2 4
1 3 3 6 2
2 6 1 1 3
3 1 5 2 2 1
2 3 4 6 3 1
2 2 1 2 3 3 1 1 1
1 2 1 1 1 1 1 1
3 1 1 1 1 1 2 1 1 1 1 1 1
1 1 1 1 2 4 2 1
2 10 3 2 2
7 3 9 2
23

Column clues (top, left to right):

Col	Clues (top to bottom)
1	1 1 3 3 2 3
2	13 3 1 2 2 1
3	7 3 3 1 3 1
4	1 3 2 3 1 1 4
5	1 6 3 1 1 1
6	2 3 1 4 1 4
7	2 1 1 2 4 1
8	3 1 7 1 1
9	1 1 2 4 7 1
10	7 7 9 1 1 1
11	3 2 4 8 1
12	3 5 1 1 2 2 6
13	3 1 7 2 5 3 1
14	3 1 3 3 2 1 1
15	1 3 1 2 1 1 3
16	1 2 2 1 2 3
17	1 2 3 2 5 2 2
18	3 2 1 2 1 1 1 4
19	1 2 3 1 5 1 3
20	3 3 2 1 1 5 2
21	3 3 1 4 1 1 5 3
22	3 1 2 4 3 2 2 8
23	6 1 1 1 5 3 2
24	2 1 1 3 1 2 2
25	4 2 1 1 2
26	1 1 3 1 1 5 2
27	1 2 2 1 5 2 2
28	1 3 2 1 1 2 1 2
29	1 3 3 3 2 2 2
30	1 3 1 2 4 3
31	3 1 2 1 2 2 1
32	3 1 1 1 6 2
33	1 2 1 1 1 2
34	1 1 12

난이도 ●●●●● ○○

A16 가을이 되면 책 사이에 꽂아두고 싶어져요

(네모로직 / 노노그램 퍼즐)

가로(행) 힌트:

- 1 4 3 3 1 1
- 4 5 2 4 2 3
- 3 3 8 3 5
- 1 2 4 4 1 4 5
- 2 5 1 2 2 1 3 2
- 9 1 3 4 10
- 1 3 1 1 2 5 8
- 4 1 2 3 13
- 4 2 4 3 6 4
- 9 14
- 4 14 1
- 1 5 16
- 3 2 7 3
- 3 1 9
- 5 2 2 8
- 2 2 1 1 3 4
- 2 1 1 2 2 4
- 1 1 2 1
- 2 1 2
- 9 1
- 2 2
- 3 2 5 2
- 1 2 1 1 3 4 2
- 2 5 2 8 2
- 2 5 2 6 2 3
- 1 5 8 2 1
- 2 5 4 3 1
- 2 4 5 2 3
- 5 5 4 3
- 3 5 5 2 1 5
- 2 4 2 8 2 5
- 2 3 8 2 4 1 3
- 3 4 3 7 4 4
- 8 9 5 3
- 2 2 3 3 4 1

난이도 ●●●●●○○

A17 보노보노 놀리기를 좋아해요

Column	Clues
1	17 5
2	14 2 2 2
3	3 3 5 7
4	3 3 3 2 8
5	2 4 1 1
6	5 4 4 12
7	3 2 2 3 9
8	9 7 1 1 2
9	5 5 7 3
10	3 2 3 10 1
11	3 4 3 4 1 1
12	2 5 1 2 1 1
13	3 2 8 2 5 1 1
14	2 1 2 4 2 2 2 1 1
15	5 2 3 1 2 1 3
16	1 3 1 1 1 2 2 2
17	5 3 2 1 1 1
18	1 3 3 1 1 1
19	1 5 4 1 1 1
20	4 6 4 1 1 1
21	2 3 1 3 1 1 1
22	5 2 2 1 1 1 1 1
23	2 1 2 4 2 1 1 1
24	3 2 8 1 2 1
25	1 3 2 3 2 2 1
26	2 5 2 2 2 2 2
27	2 3 1 2 5 2
28	3 2 3
29	9 2 1 1 1
30	2 2 4 6 1 1
31	4 4 2 4 4 1 1
32	3 2 4 2 5 1
33	3 3 2 3
34	8 2 3 2 2
35	19

Row	Clues
1	2 2 3 2 2 1 1
2	2 2 2 1 4 2 1 1
3	2 3 3 1 1 3 1 1 1
4	1 1 1 1 1 1 1 1 1 1 1
5	1 1 1 2 5 4 5 1 1 2
6	2 1 1 5 4 1 2
7	2 1 1 4 4 6 3 1 2
8	3 3 6 8 2 1 3
9	3 3 2 2 3 3 2 1 1
10	3 2 3 2 4 2 2 2 1 1
11	2 2 7 10 2 1
12	2 2 5 3 5 2 2
13	2 1 2 2 1 2 2 2
14	2 1 2 1 7 1 3 1 1
15	2 1 1 2 1 5 1 5 1 1
16	2 1 4 1 3 3 2 1 1
17	2 1 7 2 3 2 2
18	1 1 1 4 4 2 2 1 2
19	1 1 1 2 2 1 2
20	1 1 1 2 1 2 1
21	7 1 10 2 1
22	7 2 2 2 7
23	1 2 2 2 6
24	2 2 2 1 1
25	8 1 1 1
26	3 2 3 1 1 2
27	4 2 2 1 2 1
28	1 2 2 2 2 2 1
29	1 2 2 2 3 2 2
30	1 2 2 2 9 1
31	4 5 1
32	6 1 9 1
33	9 8
34	2 2 2 2
35	8 7

난이도 ●●●●●

A18 책을 읽어 볼까요?

																			4															
										1									5	2	3	4												
										2			1					1	2	3	2	4	5	5										
										3			2				9	3	1	2	1	1	2	2	5	7								1
				1					5	1	6	6	2			6	2	1	1	1	1	1	2	2	3	3								3
	2	4		3			4	2	2	1	1	2	1	2		5	1	1	3	1	1	3	2	1	1	9	11		7			10	3	2
4	3	1		1			1	4	3	2	1	1	1	10		1	4	2	1	1	2	1	1	1	1	1	3	11	1		10	1	2	4
3	1	3	6	1	4	4	3	4	1	2	4	2	1	1	1	2	1	2	4	1	2	5	1	2	1	1	1	1	2	2	1	1	14	1
2	4	1	4	1	8	5	3	4	2	3	3	3	2	3	7	3	3	2	1	3	2	2	2	1	1	1	1	2	2	7	2	1	1	3
2	3	4	4	6	4	5	4	5	6	4	4	3	3	2	1	1	2	2	1	3	2	3	2	2	3	1	3	3	2	3	2	1	6	2

			5	4	2	10	3
	4	1	3	1	1	12	2
			1	6	4	14	3
			14	4	9	1	1
2	2	1	2	4	3	7	3
	3	3	3	1	2	4	2
			7	5	3	4	1
	2	3	2	2	2	3	1
			1	1	2	4	1
			1	2	2	3	1
				1	3	4	1
			4	1	9	3	1
		1	3	2	5	2	1
		4	3	3	1	1	1
		1	2	4	4	1	1
		3	3	4	1	1	1
		2	2	5	2	1	1
	1	1	1	1	2	1	1
2	2	1	1	3	2	1	2
			5	5	6	1	2
	2	4	2	1	1	1	1
		2	4	3	1	2	2
1	1	4	2	3	2	1	2
		4	3	2	7	2	2
				6	1	7	1
		2	1	2	2	1	1
				6	1	1	5
				1	2	3	1
				2	1	5	1
		1	2	1	4	2	2
			5	2	2	7	4
				12	1	2	2
			17	4	5	1	2
			14	2	6	5	2
			8	5	2	5	4

난이도 ●●●●●○○

A19 부엉-

Column clues (top to bottom, columns left to right):

Column	Clues
1	11
2	1 14
3	3 17
4	4 5 7
5	4 8 4
6	8 2
7	1 4 6 5 1 2
8	1 2 2 2 2 3 3
9	2 2 4 2 1 3 4
10	2 2 2 2 2 1 1 3 4
11	1 1 2 2 2 1 2 3 2 3
12	2 1 1 1 2 1 1 1 1 4 2 2
13	3 1 4 1 1 1 3 3 3
14	4 2 2 2 1 1 3 3 2
15	1 3 2 2 1 1 1 1 1 3 1
16	5 4 3 1 3 3 1
17	3 2 1 3 1 4 1
18	7 7 4 3 1
19	1 4 6 3 6 1
20	3 1 4 3 1 1 1 1 3 1
21	5 2 2 1 1 3 1 1
22	2 1 2 2 1 1 1 4 2
23	3 1 1 2 1 1 3 3 3
24	2 1 1 4 1 1 3 5 3
25	1 1 2 2 2 1 1 1 1 2 2
26	2 2 2 2 2 1 3 3
27	2 1 2 4 2 1 6 4
28	1 2 2 2 2 1 3 3
29	1 4 6 2 7
30	7 5 1 2
31	5 9 2
32	4 6 6
33	3 17
34	1 15
35	12

Row	Clues
1	8 8
2	4 2 2 4
3	5 3 9 3 5
4	5 3 3 5 6
5	3 9 1 4
6	2 7 2 6 2
7	1 2 7 2 2
8	2 2 4 3 4 2 1
9	1 2 2 2 1 2 2 2 1
10	1 1 2 2 2 2 2 2 1 1
11	1 1 1 1 2 1 1 1 2 1 1 1
12	1 1 1 4 1 1 4 1 1 1
13	1 1 2 2 2 1 2 2 2 1 1
14	2 2 2 2 3 2 2 2 2
15	3 2 4 1 3 4 2 3
16	3 2 1 3 2 3
17	4 17 4
18	4 3 4
19	3 12 4
20	3 2 2 3
21	3 3 4 2 3
22	3 1 4 2 4 2 3
23	3 1 2 2 2 1 3
24	3 1 9 9 1 3
25	3 1 2 2 2 2 1 3
26	4 1 2 2 2 2 1 3
27	4 1 2 4 4 4 2 1 4
28	3 1 2 2 2 2 2 1 4
29	4 3 2 2 2 3 3
30	4 1 2 2 3 2 1 4
31	7 2 2 2 2 5
32	2 2 2 2 3 1
33	6 7
34	24
35	2 2 2 3 2 2

난이도 ●●●●●◌◌

A20 회중시계를 든 토끼

난이도 ●●●●● ○ ○

A21 설거지할 때 필요해요

행 단서
4 3 3
3 3 2 1 6
3 2 2 2 8
2 2 2 5 2 7
2 2 1 3 2 7
2 2 2 2 7
2 3 4 2 7
1 2 2 2 3 6
4 2 6 5
2 2 3 2 3
3 2 2 2 1
2 2 2 2 2
2 2 2 3 2
5 2 2 2
7 2 4
9 4 6
10 8
2 8 3 2
1 4 3 5
2 4 2 4
5 1 2 3
5 1 2 1 2
3 1 1 3 2 1
3 1 2 3 2 1
2 1 1 2 2 4
1 2 1 2 1 3
1 2 4 3 2 2
1 2 2 5 2 1
3 2 6 2 2
2 2 2 4 1 2 2
1 2 2 2 3 1 2 3
1 2 2 4 5 2 2 1
4 2 8 3 2 2 2
4 3 3 4 3 2 4
20 14

난이도 ●●●●●

A22 착한 아이에게 선물을 줘요

Row clues (top to bottom):

- 14
- 8 1 1 4
- 3 4 3
- 8 1 2
- 3 4 2
- 1 3 4 5 2
- 4 3 6 3 1
- 1 5 4 2 1
- 3 5 2 5 1
- 1 7 6 3
- 8 3 5
- 5 3 3 4 3 2
- 9 2 4 1 3 1 1
- 9 2 1 2 1 5
- 2 7 3 1 8 1
- 14 3 1 2 2
- 7 2 3 1 2 5
- 2 3 2 1 2 10
- 5 1 2 2 1 4
- 5 1 1 2 4 1 2
- 3 1 4 4 3
- 3 2 2 2 3 2
- 9 3 1
- 2 3 1 2
- 1 3 1
- 1 3 1 8 1
- 1 4 1 3 1 2
- 2 7 2 6 1
- 2 3 6 2 1 2
- 14 5 1 2
- 10 2 2 1 1 2
- 8 2 4 2 1 4
- 6 1 2 2 2 6
- 8 3 3 9 1
- 2 5 3 11 4

난이도 ●●●●●

A23 스프링필드에 살고 있어요

Column clues (left to right, top to bottom):

Column	Clues
1	6 1 2 3
2	1 3 3 2
3	3 4 2 1 5
4	14 2 2 2 3 2
5	5 1 1 5 1 2 1
6	3 3 2 2 2
7	2 4 2 1 1
8	2 4 2 2 1 3
9	1 2 2 1 2 2 2
10	1 1 1 1 1 2 2 1 2 1
11	1 1 1 1 3 1 1 1 1
12	1 1 1 1 3 1 1 3 1
13	1 2 2 1 3 1 2 2 1
14	1 4 2 1 1 1 1 1 2
15	1 3 1 3 1 2 1 2
16	2 2 1 1 1 1 1 1 2 1
17	3 1 2 1 4 5 1 1
18	5 1 3 1 2 3 1 1 1
19	8 3 3 5 1 1 1
20	11 3 1 3 1 1 1 1 4
21	6 1 1 1 1 2 3 2
22	1 1 3 2 1 7
23	6 1 1 2 4
24	1 2 3
25	1 7 2
26	6 1 3 1 3 3
27	6 1 3 10 2
28	6 1 1 1 1 2 2
29	6 1 2 9 1 3
30	6 1 3 1 1 1 3
31	1 1 1 9 1 4
32	6 1 1 2 1 1 5
33	1 2 9 8
34	1 2 1 1 9
35	6 1 13 7

Row clues (top to bottom, left to right):

Row	Clues
1	1 18 1 5 1 1
2	1 5 6 1 5 1 1
3	1 3 5 1 5 1 1
4	1 2 4 1 5 1 1
5	1 2 4 1 5 1 1
6	1 1 5 7 1
7	1 5 5
8	3 2 4 2
9	4 1 1 1 2 1 16
10	2 1 1 5 1
11	1 1 1 2 2 3
12	1 1 5 2
13	4 4 2 5
14	2 6 1 4 2
15	1 1 3 1 1 2
16	2 2 1 2 1
17	2 1 2 6 1 1 1
18	1 1 8 1 2 1 5
19	1 2 3 1 4 3 1 1 1
20	2 2 7 1 2 3 1 1
21	4 2 2 1 1 1 1 1 1
22	2 2 10 1 1 1 1 1 1
23	2 3 6 3 1 1 1 1
24	4 4 3 6 1 1 1 1
25	3 3 1 3 6 1 3
26	3 2 3 3 1 1 5 1
27	3 1 3 2 2
28	8 6 1 7
29	3 4 2 2 3
30	2 4 2 3
31	2 1 1 4
32	1 3 2 2 5
33	1 1 1 2 9
34	4 2 4 8
35	5 9 4 7

난이도 ●●●●●●

A24 연주를 해요

난이도 ●●●●●●○

A25 여름을 좋아하는 눈사람이에요!

NemoNemo Logic 고급편 2

PART 8

SIZE: 40×40 45×45

난이도 ●●●●●●

B26 백년가약을 맺어요

6 7 3 7 2	8 3 18 2
10 8 2 11	7 2 6 2 2 2 4
8 1 4 4 4 3	5 2 20 3
3 15 1 2	4 2 15 3 2
5 1 3 12 5	3 1 2 18 3
1 1 3 11 3	6 1 10 3
2 8 9	1 19 2
3 2 2 4 7 1	7 2 1 3 12
3 2 2 7 4	3 2 2 2 4 2
5 1 1 3 5 4 2	5 2 6 4 1
6 2 1 1 3 4 1	1 7 3 3 2 2 3 1
1 5 2 5 5 2 5	1 8 2 2 4
1 16 2 2 3	1 9 2 1 3
1 5 3 2 2 3	2 6 3 2 2 3
3 11 2 2 2	4 2 3 2 2 1
8 2 3 6 1	5 2 3 4 1
2 3 2 3 3 2	3 3 4 4 3
2 2 4 3 3	2 1 4 3 4
3 4 4 4	2 1 2 4 4
5 2 5	7 5

2 7
4 6 3
6 9 2
8 10 1
5 2 2 6 1 1
6 1 1 5 1 1
5 2 2 1 2 4 1 1
5 1 1 1 1 1 2 1 1
6 1 1 1 2 2 1
3 2 3 2 1 3 1 1
3 1 3 4 1 1
3 2 3 2 1 1 2
4 3 5 1 1 2
2 8 3 1 2 1 1 1
3 5 3 2 1 2 1 1 1
3 4 3 1 2 1 1 2
1 1 8 1 2 2 1 2 1
3 10 2 1 2 1 1 2
4 10 6 2 1 1 2
4 15 1 2 1 1 3
3 15 2 2 1 2 2
4 18 4 5
2 1 9 1 2 3 2
4 9 1 2 8
2 10 1 1 2 5
2 8 1 1 1 2
2 8 1 1 1 14
2 7 1 1 1 10 2
3 1 1 1 1 1 2 11
6 1 3 1 2 7
6 1 3 2 2 2
3 2 1 4 2 4 2 1
4 1 4 2 5 7
4 2 4 2 11
3 2 4 2 8
1 2 5 3 4 2
3 3 1 2 3 6 5
5 5 2 9 7
6 5 3 6 8
5 6 9 11

난이도 ●●●●●● ○ ○ ○ ○

B27 근두운을 타고 날아요

Row clues (top to bottom):

- 4 12 3
- 3 2 16 3
- 1 4 8 9 2
- 6 3 2 2 12
- 6 3 2 1 15
- 4 6 2 9
- 1 1 2 8 6
- 4 2 7 5 5
- 1 1 1 2 2 4 5
- 1 1 3 3 1 3 8
- 1 1 5 1 3 1 1 5
- 1 1 4 3 1 2 3
- 1 1 1 1 3 3 1 2 2 4
- 1 1 1 2 3 1 3 1 1
- 1 1 1 1 1 1 1 2 1 1 1 1
- 1 1 1 9 4 1 1 1 1
- 1 1 2 7 2 6 2
- 1 4 2 4 6 5 1
- 5 2 2 5 2 8
- 1 1 13 2 1 1 4
- 6 3 7 3 1 1 2
- 1 2 3 1 7 6
- 6 3 1 1 4 2 3
- 2 1 4 1 2 3 8
- 6 7 3 7
- 1 1 1 3 5
- 1 1 2 8 3
- 1 1 9 2
- 1 1 6 2
- 1 1 5 9
- 1 1 3 2 9 4
- 1 1 2 7 5
- 4 1 7 8 4
- 1 1 3 9 2
- 4 2 3 2 1
- 2 2 1 3 1 2
- 1 3 1 2 1 2
- 2 3 2 1 1 2
- 6 2 2 6
- 4 20

난이도 ●●●●●●

B28 바벨을 머리 위까지 들어 올려요!

11 1 1	3 2 1 1	11 1 1	12 1 1	1 2 1 1	11 3	2 1 1	5 1 1	1 3 1 1	1 2 5 1 1 1	4 3 7 1 2	2 6 2 2 2 2	4 10 2 2 1	2 3 5 1 4 1 1	2 2 5 1 3 1 1	2 6 1 3 2 1	2 7 1 4 8	2 3 1 2 1 7 1 2	2 3 1 1 2 3 1 4 1 1 2	2 2 2 2 1 1 1 3 1 1 2	2 2 1 2 1 1 1 7 1 2	2 3 1 2 1 1 1 5 3 2	2 3 1 2 3 1 6 2 3	2 5 2 1 6 1 3	2 9 1 6 1 3	2 1 6 1 7 5	2 2 6 1 2 4 4	6 13 1 1 2	1 1 4 5 2 2	3 4 5 3 1	1 1 4 2 2 2 3	1 1 5 1 1 6	4 1 1 1 1 1	2 1 5 1 1 1	10 2 3 2 1 1	2 2 5 1 1 1	11 1 1 1 1	12 5 1 1 1	2 2 2 3 2 1 1	10 1 4 1 1

5 4
4 1 3 5
4 1 5 9 3 1 1 2 1
1 2 1 1 18 4 1 2 1
1 2 3 2 3 4 3 2 1
1 2 3 2 1 2 3 2 1
1 2 1 2 2 1 1 1 2 1
1 2 1 1 1 7 1 1 1 2 1
1 2 1 2 1 9 1 1 1 2 1
1 2 1 1 1 3 4 1 1 1 2 1
6 1 1 1 3 1 6
2 2 1 4 4 1 2 2
1 2 1 1 1
1 2 3 3 1
1 4 5 2
2 3 6 4 1
5 4 6
4 5
4 5 4
3 1 1 3
2 5 1
1 1 5 2
1 1 2 2 2
2 2 1 1 1
1 2 2 1 1 1 1
3 8 2 1 5
1 2 3 2 3 2
1 14 1 5 2
16 1 1 1
2 12 1 1 1
1 3 7 1 2 2
1 1 9 5
1 2 1 5 1
11 6 11
1 1 1 2 3
12 10 2 9
1 2 4 2
5 5 4
2 16
20

난이도 ●●●●●● ○ ○ ○ ○

B29 범인은 이 안에 있어!

(네모로직 퍼즐 / Nonogram)

가로(행) 힌트:

- 5 20
- 12 4 7 3
- 7 3 4 4 5 2
- 2 2 3 2 16 1
- 1 3 3 5 4 2 8 1
- 4 4 4 5 3 3 4 1
- 4 4 5 4 1 2 4 3 1
- 4 1 2 6 3 2 2 4 3 1
- 3 1 1 2 6 4 5 2 4 1
- 2 1 1 6 2 1 3 5 3 3 1
- 2 1 1 2 3 3 1 3 2 2 3 2 1
- 1 1 2 2 2 2 5 1 1 2 2 1
- 1 1 2 2 7 5 8 1 1
- 1 5 3 3 4 3 1
- 5 2 5 2 10 3
- 7 1 1 4 4 2 1 3 3
- 2 1 2 1 1 1 2 1 1 4 1 1 1 1
- 1 1 1 4 1 1 1 1 2 2 1 1
- 1 1 2 4 1 2 3 2 2
- 1 4 1 2 2 1
- 3 2 3 2 2 2
- 1 6 2 6 2
- 1 4 3 4
- 1 1 2 4
- 2 2 4 2 3
- 1 4 3
- 4 6 4
- 7 2 3 3 1
- 4 2 3 6
- 4 1 3 6 2
- 2 1 2 2 1 1 4
- 2 1 2 2 8 1 2
- 3 1 2 9 2 1 1
- 1 1 2 2 1 4 1 1 1
- 1 1 2 1 1 1 1 3 1 2
- 1 2 2 2 1 2 1 1
- 2 2 4 7 1 2 2 2
- 3 4 4 1 1 2 1 1
- 5 9 1 2 2 1 1
- 16 1 1 1 1 1

난이도 ●●●●●●○○○○

B30　○○○ 아저씨는 코가 손이래 ♪

세로 열 힌트 (위→아래, 40열)

1	2	3	4	5	6	7	8	9	10	11	12	13	14	15	16	17	18	19	20	21	22	23	24	25	26	27	28	29	30	31	32	33	34	35	36	37	38	39	40
																2				1			1					1								1			
																2				1			1					1								1	2		
															6	2	6		2	1		6		7	8			1	1	2	3	2	2			1	1	2	2
								6	5	3			7		1	6	2	3	5	5	1	3	3	1	6	1	1	2	2	3	1	2	1		1	1	3	3	3
	16						7				7		5	7	9	4	2	2	5	2	2	3	6	6	1	2	3	9	6	4	7	4	1	2	2	1	3	4	5
16	10	12	10	9		8	8	7	6	3			2	2	5	3	2	6	6	1	3	9	6	4	2	2	3	5	3	2	2	2	3	1	3	3	8	6	8
10	12	10	9		8	8	7	6	3	20				5	1	2	5	7	3	3	1	7	4	1	3	3	1	2	5	2	3	9	2	2	5	7	5	4	6
4	12	16	16	8	8	7	6	3	20	18	6	1	1	1	6	5	7	3	4	3	1	1	1	10	2	5	5	3	9	2	2	5	5	2	3	2	2	3	11
37	1	1	1																																	2	2		4

가로 행 힌트 (왼쪽)

```
40
18 7 4
15 2 1 3
14 2 3 2
14 4 3 2
13 6 2 1
12 4 2 1
7 1 2 1 1
5 2 2 2
4 1 3 2
3 3 2 1
3 2 2 3 3
2 2 1 1 3 2
2 2 2 2 3
2 4 2 2
2 1 4 2 2
1 1 4 3 1 1 1
1 2 1 5 2 4 1 3
1 3 1 5 4 2 5
5 2 10 3 1 2
6 2 10 3 1 2
7 3 10 3 1 1
8 2 5 3 4 2
11 4 2 6 4
11 4 3 3 4
13 1 2 4 3
12 1 1 1 3 4 3
12 2 2 2 2 4 1
7 3 4 2 1 2 1
1 3 2 4 2 2 1
2 2 2 1 8 2 2 1
2 2 2 1 2 4 1 3 2
2 2 2 3 2 1 2 1 3 2
2 1 3 6 2 2 1 3 2
1 2 3 6 2 2 1 2 2
7 4 4 1 2 3 4
4 4 2 2 4 2
4 3 2 2 3
5 6
```

난이도 ●●●●●●● ○ ○ ○

B31 셔틀콕으로 네트를 넘겨요!

세로 힌트 (열) 및 **가로 힌트 (행)**

가로 힌트 (행, 위에서 아래로):

- 6 4 4
- 4 5 2 1 4 3
- 3 2 9 6 1 1 2
- 1 3 2 1 1 1 1 1
- 1 1 1 10 2 2
- 8 1 1 1 1 1 7 7
- 18
- 1 1 1 5 7
- 3 6 6 3
- 5 2 9
- 2 4 2 8
- 2 1 3 2 1 1 3
- 2 1 1 1
- 2 2 3 2
- 5 1 2 1
- 7 1 12 13
- 4 2 13
- 6 2 11 4 3
- 3 1 9 4
- 6 1 2 1 2
- 3 3 1 4 1 1
- 2 4 4 5 1
- 5 1 1 1 1
- 2 3 1 1 1
- 1 1 1 1
- 22 6 1
- 1 1 1 1
- 2 1 4 3
- 40
- 4 14
- 4 16
- 1 3 1 4 8 6
- 1 4 1 3 6 1 2
- 2 1 3 1 1 4 1 2
- 1 1 4 1 2 3 1 2
- 3 1 3 1 1 10
- 2 1 1 4 5 3
- 1 3 5 2 1 2
- 3 1 1 4 7
- 1 1 3 1 3 7

난이도 ●●●●●●●○○○

B32 유리구두를 잃어버렸어요

														1																									
														2	2																								
														1	1		2																						
									2	2		1	1	2	1		1					1																	
					2				3	3	5	2	1	2	1		2					3		9	2		1										4		
		11			1	1		3	3	2	3	2	2	1	2		2	2	2		1	5	9	3	12	2	1	1	9		2	2	1				1		
		4	2	2	3	9	5	4	1	1	6	1	2	2	1	3	1	4	5	3	2	2	5	2	2	17	3	1	2	9	5	9	1		4	9	2		4
2	10	6	11	2	5	2	2	6	1	1	2	2	1	1	2	1	3	2	2	4	2	2	1	3	2	2	3	2	2	4	3	2	2	1	3	2	2	9	3
3	6	3	5	3	2	3	3	2	3	4	4	9	2	2	6	2	6	1	7	8	3	2	1	1	1	2	2	2	3	7	2	9	1	1	1	5	1	6	1
3	3	2	2	4	2	2	1	2	1	2	3	2	12	8	6	4	4	14	5	2	1	1	2	3	2	2	2	5	4	3	3	5	8	8	8	1	1	1	1
9	3	1	2	7	2	1	2	1	1	1	1	1	2	1	1	14	1	2	2	2	3	1	1	1	2	2	2	3	1	4	13	2	5	4	4	4	2	1	1

								6	3
						3	2	3	4
			1	2	2	1	2	4	1
					2	1	9	1	1
					4	4	2	2	2
1	3	2	1	2	2	2	1	1	1
			1	2	3	1	2	4	5
		1	1	1	3	1	4	4	5
			3	1	3	2	4	6	5
	3	4	3	3	6	1	1	1	1
3	1	1	2	3	1	2	1	1	3
5	1	1	1	1	1	2	4	1	1
		5	1	2	3	2	4	4	5
			1	1	3	1	2	2	18
1	1	5	2	2	8	2	2	2	2
			4	3	1	4	2	2	3
			7	1	1	5	1	2	5
				17	2	1	2	2	2
	1	2	4	4	2	1	2	3	2
				1	1	1	1	5	1
			2	1	1	1	1	5	1
		2	2	2	1	1	1	5	1
		2	1	4	4	5	1	5	1
					6	5	1	5	17
					6	2	10	1	9
					7	9	3	5	9
			2	3	4	6	5	1	1
					2	1	12	1	5
					1	2	8	2	5
				2	1	3	7	4	2
				1	2	9	5	1	2
				2	2	2	7	2	3
			1	2	9	3	1	1	3
			1	2	3	11	2	1	3
			1	3	5	5	2	1	2
		1	1	2	3	2	1	1	3
			1	3	2	2	2	2	3
			2	3	1	3	2	2	3
			3	3	3	5	2	3	3
					2	7	8	4	4

난이도 ●●●●●●● ○ ○

B33 지구를 침략한 외계 개구리!

Row clues (top to bottom):

- 18 1 12 3
- 2 11 3 9 3
- 1 2 4 1 12
- 1 2 3 11 10
- 1 10 5 2 4
- 2 8 3 2
- 6 2 5 8 1
- 5 3 2 2 2 4
- 3 2 2 3 2 2 3 3
- 2 3 1 5 1 1 5 4
- 1 3 2 5 1 1 5 1 3
- 1 1 2 3 2 2 3 2 1 1
- 2 1 2 2 2 2 1 2
- 2 1 6 5 1 3
- 3 2 2 2
- 2 2 3 2 3 1
- 2 4 5 4 6 1
- 1 8 3 7 2 8
- 10 11 9
- 11 2 6 3 9
- 12 3 5 10
- 15 3 11
- 9 5 4 7
- 6 2 9 2 4 2
- 2 2 1 2 2
- 4 3 1 2 2 2 3
- 1 2 4 4 1 2 1 2 2 2
- 3 3 1 2 6 2 1 4 1
- 1 4 1 1 6 1 1 2
- 2 1 1 4 1 2 4
- 7 2 2 2 3 1 2 3 5
- 7 1 4 2 1 5 6
- 8 3 2 2 5 10
- 10 15 8
- 6 3 1 1 2 4 5
- 2 4 1 2 2 6 2
- 6 1 2 1 1 6
- 8 5 4 7
- 9 2 2 2 8
- 9 4 4 7

난이도 ●●●●●●●○○○

B34 꿀단지가 제일 좋아!

Row clues (top to bottom):
- 4 3 10 10 4
- 2 2 8 3 8 1
- 1 3 2 1 4 12 1
- 1 5 1 1 1 7 3 1
- 4 3 4 2 1
- 2 1 5 3 2 4 1 2
- 6 5 2 1 12
- 5 3 1 2 6 1 2
- 1 2 2 2 3 4 5 1
- 2 1 3 3 2 4 3 4
- 2 1 4 2 2 2
- 6 2 2 1
- 4 1 3 1 3 4 1
- 2 2 5 3 2 7 1
- 1 6 2 5 5 1
- 1 10 5 5 1
- 6 4 4 3 1 1
- 6 5 2 1 2
- 1 4 8 3 1
- 4 2 3 2
- 2 2 4 2
- 2 1 2 7
- 1 1 2 4 6
- 1 4 16
- 2 2 4 5
- 6 8 4
- 7 3 3 3
- 2 2 2 2 1
- 6 2 1 3 3
- 2 2 2 2 1 3 1
- 1 2 1 1 1 1 2
- 1 1 1 1 6
- 1 1 1 2 1 2
- 2 2 3 3 1 2 1 2
- 2 1 2 3 4 1 5 3
- 2 3 9 2 3 2
- 3 2 3 4 4
- 4 3 2 2 1
- 3 2 1
- 40

난이도 ●●●●●●● ● ● ●

B35 대표적인 겨울 스포츠

난이도 ●●●●●●● ○ ○ ○

B36　손등에서 칼이 튀어나오는 히어로

Row clues (left to right):

```
                6 1 8 2 3
          4 1 2 11 2 4 1
        1 2 5 7 4 2 4 3
        2 5 2 4 4 1 4 3
          2 3 1 2 1 3 4 3
          2 4 1 4 1 1 4 3 1
  2 3 1 3 2 1 1 1 2 3 1 1
            2 3 2 2 4 3 3 4
        1 3 2 1 3 6 2 3 3
          3 2 2 5 6 2 3 1
            3 4 1 2 4 2 2 3
                2 6 9 3 1 1
            2 3 2 1 9 3 1 2
          2 1 2 2 3 1 4 2 2
        1 1 2 2 3 1 1 2 3 1
          1 2 2 2 2 3 1 3 1
            2 2 2 1 2 3 2
              1 1 2 1 1 4 2
                  4 1 2 4 2
                9 2 1 2 7 1
            2 1 1 2 1 2 9 1
              11 4 2 12 1
              1 3 1 8 2 2 1
                14 4 7 1 1
          3 7 2 1 4 3 1 1
              4 14 5 1 1
              2 6 2 6 1 1
        1 2 2 1 4 6 3 1 1
          3 2 2 2 6 3 2 1
          3 2 2 2 3 5 2 1
  3 2 2 2 2 1 1 5 1 2 1
  3 2 2 3 2 3 1 4 1 2 1
          1 2 3 2 4 13 1 4
            2 3 6 8 4 4 1
  1 4 3 3 2 1 5 6 1 1 1
  3 3 1 4 1 3 2 4 1 1 1
2 2 1 1 2 3 1 3 1 5 1 1 1
  2 4 4 2 1 1 4 6 1 1 1
  2 4 1 4 1 3 7 1 1 1
```

난이도 ●●●●●●● ◌ ◌ ◌

B37 고양이 톰과 늘 아웅다웅해요

(네모네모로직 퍼즐 — 가로/세로 힌트 격자)

가로 힌트:

행	힌트
1	23 1 1 1
2	14 4 2 1 1 1
3	14 4 2 2 1 1
4	13 8 1 1 1 2
5	3 7 2 3 1 1 2 1
6	2 4 1 5 2 1 1
7	6 1 2 1 1 1
8	2 3 1 1 1 2 2 2 1
9	1 2 3 3 1 1 1
10	1 1 3 2 1 1 2 2
11	1 1 2 2 1 1 1 2 1
12	1 1 1 1 4 2 3 1 2
13	1 2 1 3 2 3 5 2 1
14	2 4 3 1 6 1 3 2
15	2 4 8 1 2 4 2
16	3 1 2 4 1 1 2
17	4 1 5 1 1 2 5 1
18	6 2 14 2 4
19	11 1 6 2 2 6
20	12 2 3 2 7 3
21	18 4 1 1 2 2
22	1 10 8 3 3 2 2
23	2 7 2 1 1 3 1
24	4 6 2 2 2 1 2 1
25	5 5 3 1 1 4 2 2
26	5 5 8 3 1 3
27	6 5 1 3 1 1 5
28	6 5 3 4 1 6
29	7 4 4 10
30	7 3 1 4 13
31	2 1 1 3 12
32	10 1 7 1 6
33	3 5 1 1 3 1 1 1
34	1 1 3 1 2 1 1 1 1
35	1 1 2 2 3 1 1 1
36	1 1 1 6 1 1
37	1 1 1 1 1
38	1 1 7 2 2
39	2 2 6 6 4
40	12 8

난이도 ●●●●●●●○○

B38 이상한 나라의 앨리스에 나오는 병정

행 단서 (왼쪽):

- 2 1
- 2 4 3
- 4 7 1 1 1
- 6 10 1 2 2
- 1 12 1 2 1
- 1 6 6 9 1
- 3 4 4 1 3 4 1
- 3 4 3 3 3 1 3 4 1
- 5 5 2 1 2 4 1 3 4 1
- 5 3 1 2 1 2 3 1 3 3 1
- 1 1 3 1 2 3 3 4 1
- 1 1 5 1 1 3 1 1 3 2
- 3 6 8 4 1 1 4
- 6 10 9 1 1 2
- 2 3 6 4 1 1 1
- 2 2 6 6 1 1
- 5 9 1 1
- 5 16 1 1
- 6 2 1 1 1
- 1 2 1 3 2 3 5
- 1 2 1 3 4 3 3 1
- 8 16 1 2 1 5
- 9 6 1 3 1 4
- 2 1 2 1 7
- 6 1 4 2 1 5
- 2 1 3 5
- 2 1 1 7
- 3 2 1 1 1 2
- 3 3 4 1 1 1 4
- 4 2 1 2 1 2 1 1 1
- 2 3 1 6 5 1 1 1 1
- 1 1 1 6 1 2 1 1 1 1 1
- 1 2 2 1 4 3 1 1 1 1 1 1
- 1 7 2 3 6 7
- 2 2 2 1 1 1
- 3 17 1 1
- 2 1 1 1 1 1
- 7 7 1 1
- 2 1 3 3 2 1 1 1
- 9 9 3

난이도 ●●●●●●● ○ ○ ○

B39 로봇 소년이에요

Row clues (top to bottom):

- 5 1
- 2 2 2
- 8 3
- 1 2 3
- 5 4 10
- 1 4 2 10 2
- 1 1 1 15
- 7 1 1 7 3 7
- 1 4 4 3 2 5
- 1 1 3 1 2 4
- 5 1 4 2 5
- 1 4 1 4 4 5 6
- 1 2 5 2 1 2 4 2 2
- 2 3 3 2 1 2 1 3 1 1 2
- 3 2 1 1 3 1 1 1 1
- 1 2 1 2 1 10 1
- 6 2 5 7 1 2
- 7 2 3 11 3
- 9 3 2 3 4 2
- 2 2 5 4 3 1 3
- 5 6 1 4 1 3
- 5 8 1 2 3
- 4 2 7 2 3
- 3 1 7 3 3 5
- 5 12 2 6 2
- 1 2 3 4 4 2 9
- 4 1 5 6 3 2 6
- 3 6 4 8 4 2 3
- 3 2 2 1 5 2 5 5
- 3 4 8 10 3
- 2 3 1 3 3 9 1 2
- 1 2 5 5 3 2 2 1
- 1 2 2 2 6 3 4 2
- 1 1 3 3 4 2 2 4
- 1 3 10 5 4 1
- 2 9 1 3 1
- 7 5 2 1
- 6 7 2 2 2
- 8 13 2 4
- 4 7 11 3

난이도 ●●●●●●●○○○

B40 분노를 조절하지 못하면 큰일 나요!

세로 열 (Column clues, left to right)

Column	Clues
1	7 6
2	3 2 2
3	3 2 2
4	5 1 1 1
5	3 2 2 3 1
6	2 1 3 1 2 2 2
7	1 1 10 4
8	2 3 13 2
9	1 14 6
10	2 15 4
11	2 2 4
12	1 5
13	2 2 1 5 2
14	8 4 1 7 4
15	6 3 2 1 1 2 6
16	2 2 2 1 1 1 2 1 4
17	4 1 1 2 2 2 1 2 1 4
18	4 2 2 2 1 8 1 2 4
19	4 2 3 3 6 7 2 4
20	5 2 2 6 2 3 4 4
21	5 1 2 5 2 1 1 7
22	1 3 2 2 2 1 1 1 1 2 4
23	4 2 1 1 2 1 1 1 2 4
24	3 2 2 5 1 1 1 4
25	5 1 5 2 3 1 4
26	6 3 3 2 4 1 4
27	9 3 1 2 4 4
28	2 3 2 2 2 1 4
29	1 2 5 2 8
30	2 1 14 2 5
31	1 1 10 3 5
32	3 3 8 2 2
33	2 1 6 3 2
34	1 1 3 2 2 3
35	2 3 1 1 2 1
36	2 2 2 2
37	3 1 3
38	3 4
39	4 5
40	18

가로 행 (Row clues, top to bottom)

Row	Clues
1	3 7
2	7 5
3	2 11
4	10 3
5	3 4 3
6	2 2
7	2 3 3 1
8	1 3 3 2
9	2 3 4
10	5 2 2 2 3
11	2 1 6 1 1 2
12	3 3 4 2 5
13	3 2 2 2 4 2
14	2 2 13 2
15	1 2 5 5 1
16	2 1 3 3 4 2
17	1 1 2 5 1 1
18	1 2 2 2 2
19	1 3 2 3 1
20	2 3 1 5 1
21	1 5 2 3 2
22	1 3 2 2 1
23	1 2 2 3 3 1
24	1 3 3 5 3 1
25	2 2 5 2 2 11 1
26	1 15 6 6 1
27	1 7 3 6 1
28	1 4 1 8 2 1 2 1
29	1 4 4 2 4 2 3 1
30	1 1 4 2 1 2 8 1
31	1 5 7 3 4 2 1
32	1 3 5 2 2 2 1
33	2 3 2 1 4 3 1
34	1 1 4 1 8 2 1 3 1
35	1 1 4 2 8 1 2 2
36	1 3 3 1 1 3 1 2
37	1 6 19 2 3
38	5 1 2 22 4
39	2 4 19 2 4
40	5 19 5

난이도 ●●●●●●● ○○○

B41 예쁜 꽃을 머리에 얹었어요

(네모로직 / 노그램 퍼즐)

가로 열쇠 (행 단서, 위에서 아래로):

- 16 9
- 6 3 12 6
- 1 2 1 14 4
- 1 2 2 1 3 2 5 3
- 2 6 2 2 2 7 2
- 8 3 1 9 2
- 2 2 2 1 7 1 6 1
- 2 1 7 2 2 5 1
- 1 3 4 2 2 3 5 1
- 1 14 3 3 3 3 3
- 1 9 3 2 3 3 3 1
- 2 2 5 5 1 1 2 5 2
- 4 4 5 8 1 1 3 3
- 1 2 4 9 1 2 9
- 2 2 5 2 5 2 4
- 3 4 11 2 1 3
- 2 5 7 2 7
- 2 2 2 5 1 3 2 6
- 3 2 1 4 1 5 6
- 2 3 2 5 6
- 1 1 4 2 2 6 2
- 2 5 3 1 1 2 2
- 2 3 3 1 2 2 2
- 1 3 2 3 2 2
- 2 3 3 3 1 2
- 4 3 4 3 2 2
- 2 5 3 3 2 2
- 1 2 5 2 4 2 2
- 2 3 4 2 4 2 3
- 1 3 2 1 2 4 2 3
- 7 1 2 3 3 2 1 1
- 1 1 2 3 2 2 2 1
- 1 1 3 3 2 3 4
- 1 2 3 3 2 3 2
- 5 2 3 3 2 3 2
- 2 2 1 3 3 3 1
- 2 1 1 2 3 3 1
- 1 1 2 2 2 4 1
- 1 2 3 2 2 3 2
- 1 3 3 2 2 3 2

난이도 ●●●●●●●○○○

B42 가장 중요한 것은 눈에 보이지 않아

2	4	14	2	1				
2	1	2	2	5	3	2	2	
6	2	6	2	2				
2	4	3	5	5				
1	2	1	3	4	5			
1	2	1	6	4	5			
1	2	1	4	3	6			
2	2	1	7	1				
2	4	9	5					
5	7	5	3					
3	1	2	3	10	2			
1	1	4	14	2	1			
3	2	10	2	3				
2	5	3	4	5				
2	18	3						
8	2	4	3	3				
2	2	2	3	1	3	2		
2	2	1	4	9	3	1		
1	1	3	1	1	2	6	1	2
2	1	1	10	4	4			
1	1	1	1	1	1	1	2	4
2	2	1	1	1	2	3		
1	1	1	1	2	3			
2	3	2	1	4	2	2	2	
1	2	5	6	2	5			
1	5	2	1	3	2	2		
1	1	4	3	1	2	4	2	
6	1	5	9	2	1			
2	2	13	3	1	2			
1	10	2	4	1	1	1		
1	6	7	5	1	1			
2	9	3	2	1	2	1		
1	13	1	2	1	1			
2	3	8	2	1	2	1	1	
1	6	4	1	4	1			
1	7	5	2	2	2			
1	5	1	2	1	1	1	4	2
1	1	7	7	10	3			
1	1	7	8	4	3	3		
1	4	8	4	2	3	3		

3	3								
3	2	3	3						
2	1	1	2	2					
2	3	2	2						
5	2	5	1	3	4				
2	2	3	3	1	3				
3	4	2	1	3	1	3	3		
1	1	1	3	1	2	1	4	2	1
14	1	1	2	2	5				
12	2	5	8						
2	2	2	4	9					
6	8	12							
2	9	6							
20	3								
4	1	10	3						
6	2	1	7	1	1				
2	2	7	1	1	1	3	5	3	
15	1	2	1	8	3				
2	7	7	1	17					
1	9	2	1	1	1	4	7		
1	1	9	1	1	1	7	1	3	
1	11	8	2	3	4				
2	9	8	5	3					
2	3	3	1	1	1	4	2		
3	7	2	1	1	1				
6	3	2	1	1	2	4	2		
6	8	1	8	3					
1	5	7	2	1	6	4			
7	4	2	1	2	2	3	2		
4	1	1	1	1	1	2	1		
2	1	1	1	1	5	1	2		
5	2	1	3	1	1				
3	4	1	2	2	2	2			
4	9	1	2	4					
6	13	6							
2	3	5	6	6					
3	5	2	4						
3	4	2	3	3					
2	3	5							
12									

난이도 ●●●●●●● ○ ○ ○

B43 요리보고 저리봐도 음음~ ♪

Row clues:
- 4 5 6 8
- 2 2 3 3 2
- 8 1 2 1 3 2
- 8 4 2 1
- 5 2 2 3 3 1
- 4 3 4 5 1
- 3 2 2 2 1
- 3 3 4 2 1 2 2 2
- 2 3 1 2 1 2 2 2
- 2 1 1 2 2 2
- 2 2 3
- 2 2 2 2 4 3
- 2 2 1 2 1 5 2 1 6
- 2 1 2 1 2 2 3 1 5 3
- 2 1 2 5 2 2 1 2 2
- 2 6 5 1 2
- 1 2 2 2 3 3 2
- 1 4 1 1 2 2 1 3
- 1 8 3 6
- 2 4 3 20
- 3 1 2 3 1 9 6 3
- 28 5 1
- 5 1 1 3 17 1
- 4 2 2 1 8 4 4
- 3 1 4 1 5 1 7
- 3 2 2 3 2 9
- 2 2 1 1 3 8
- 2 2 2 2 2 8
- 2 3 1 4 1 4
- 3 1 1 3 1 2
- 1 1 1 3 1 3 2 1
- 1 3 2 1 4 1
- 2 5 5 1 1
- 2 1 3 3 2 2
- 4 5 1 9 5
- 3 3 3 1 2 3 1 1
- 2 3 2 4 3 1 1 1
- 1 1 1 3 1 1 2 3
- 1 1 1 1 1 1 3 1 1 1 3
- 40

난이도 ●●●●●●● ● ● ●

B44 구석구석 깨끗하게 씻어요

난이도 ●●●●●●● ○ ○ ○

B45 제리를 괴롭히는 듯하지만 사실은 괴롭힘을 당하고 있어요

행 힌트 (왼쪽):

- 35
- 2 3 19 5
- 5 14 5
- 2 2 2 7 3 1
- 10 2 2 4 2 2
- 5 5 2 2 2 2
- 4 5 5 2 2 1 3
- 1 1 2 5 6 3
- 3 3 2 2 3
- 4 1 5 2 3
- 12 2 2 2 3 2 3
- 13 1 1 1 2 2 4
- 11 2 2 1 3 1 2 4
- 10 3 4 2 6
- 10 1 1 1 1 1 3 3
- 9 1 1 1 2 4 2
- 2 5 1 2 2 1 2 1 2 1
- 4 3 1 3 3 1 5 2 1
- 5 1 3 3 3 1 2 1 1 1 1 1
- 6 6 9 1 1 1 1
- 2 1 1 2 5 2 1 2 1 1 4
- 4 1 1 2 2 6 1 1 3
- 5 1 2 4 2 2 2 2 3
- 5 2 2 3 2 2 1 1 4
- 5 2 4 5 3 4
- 6 2 1 2 5
- 6 3 2 6
- 1 3 1 3 4
- 3 3 3 3 1
- 1 3 11 2 3 1
- 2 5 3 7 2
- 2 1 1 3 4 4 1
- 2 1 2 3 2 4 2
- 2 1 2 2 3 1
- 1 2 3 2 2 1
- 1 1 3 2 1 1
- 1 2 13 1 1
- 1 1 16 1
- 2 19 2
- 3 22 3

B46

난이도 ●●●●●●●

1	11 1
2	11 20
3	8 6 4 2
4	6 2 5 4 1
5	5 2 5 4 2 2
6	4 5 4 4 2 2
7	3 19 9 1
8	3 7 3 2 1 1
9	3 3 1 8 1 1
10	3 4 1 1 1 1
11	3 4 1 1 2 1 2
12	3 4 1 1 1 2 1 1
13	2 7 1 1 1 1 1
14	2 7 3 1 1 1
15	6 5 1 1 1
16	2 1 1 2
17	1 1 1 1 1
18	12 3 2 1 1
19	2 3 1 2 8 1 1 3
20	1 1 3 1 1 1 2 19
21	2 1 3 3 4 4 2 1 3
22	1 7 2 5 2 2 3 1 1 4
23	4 1 2 4 2 2 2 2 2 6
24	2 6 2 1 2 3 4 3 5
25	8 1 1 2 1 4 1 7
26	3 3 1 3 1 2 1 3 1 6
27	1 6 1 3 1 2 3 2 3 5
28	9 1 1 1 2 4 2 1 1 1 2 5
29	1 2 3 1 2 2 2 2 1 2 3 4
30	1 7 1 2 2 2 2 3 2
31	1 5 4 1 4 5
32	2 18 5 3 4
33	2 16 6 4 5
34	1 23 1 2 7
35	2 15 2 4 6
36	3 10 2 3 5
37	1 5 2 3 3
38	5 3 2 4
39	8 2 1 4 1
40	5 1 2 6 2
41	4 2 1 9
42	4 16 1 1 8
43	6 17 2 3
44	5 6 2 3 2
45	2 14

1	8 4 2 2 2 1 1
2	10 2 6 2 2 2 1 2
3	11 2 2 2 2 1 2 1 1
4	4 2 1 10 2 4 3
5	3 1 2 1 2 2 1 3 2
6	2 4 1 1 2 2 1 2 2
7	3 8 13 2 2
8	2 9 4 10 2 2
9	3 10 5 11 4
10	7 2 2 5 2
11	3 4 2 1 3 5 2
12	2 9 3 3 4 4 2
13	3 3 1 1 1 4 2
14	4 1 1 5 5 4 2
15	5 1 1 2 3 3 1 5 2
16	7 1 1 4 3 5 2
17	7 4 1 2 5 2
18	1 5 3 3 3 2 5 2
19	1 3 2 5 2 5 2
20	1 1 2 2 3 7 2
21	1 1 1 3 7 2
22	2 1 3 9 3
23	6 6 11 2
24	7 12 1 6 2
25	7 3 2 1 1 2 7
26	1 6 3 2 2 1 2 1 3
27	1 3 1 2 3 2 3 4
28	1 1 2 2 4 2 4 1 1
29	1 1 1 2 3 2 2 4 3
30	1 1 1 2 5 1 6 2
31	1 1 1 3 16 1
32	1 1 1 3 3 1
33	1 3 4 3 8 1
34	1 2 2 2 2 2 2 1 2 1
35	1 1 1 1 1 1 1 1 7 1
36	2 15 2 2 1 10 1
37	1 2 1 2 5 6 1
38	1 1 13 5 2
39	1 1 7 5 4 1
40	4 8 5 5
41	2 4 6 5 4
42	6 6 4 2
43	3 5 5 3
44	4 6 4 5
45	2 5 4 6

탈을 쓰고 춤을 춰요

B47

난이도 ●●●●●
●●

리본을 활용한 아름다운 체조

B48

난이도 ●●●●●
　　　 ●●

바닷속에 사는 아름다운 인어

B49

난이도 ●●●●●
●●○○○

대표적 여성 히어로!

B50

난이도 ●●●●●
　　　 ●●○○○

말을 타고 달리며 사냥하는 고구려인의 기상!

B51

난이도 ●●●●●
●●

주로 사막에서 타고 다녀요

B52

난이도 ●●●●●
　　　　●●

(Nonogram puzzle grid)

Row clues (top to bottom):

```
26
35
16 7
6 5 17 6
4 3 19 4
3 2 2 4 7 3
4 5 1 1 20 4
6 1 2 17 4
2 2 2 2 6
1 7 10
2 3 3 24
1 1 1 20
2 1 1 2
1 1 1 1 2 4
2 1 1 2 3 9
1 1 1 4 2 11 2
1 1 2 8 4 6 2
2 1 1 8 3 7 2
3 1 1 1 2 1 1 6 3
5 3 1 1 1 1 2 2 2 2
5 2 3 1 1 1 1 2 2 2
5 1 4 3 1 3 1 2
6 1 3 2 2 2 2 2
6 6 1 2 2 2 2 3
7 1 3 1 5 2 2
8 1 1 1 1 1 1 2 2
9 2 1 1 1 1 1 2 2
10 1 1 2 1 1 1 2
6 3 1 1 1 1 1 4
6 2 1 1 1 1 1 4
9 1 1 2 5 2 3
9 1 1 5 2 4 2
7 1 1 3 1 2 1 2 1
7 5 2 1 1 1 2 2 3
6 6 1 5 1 3 2
6 5 4 2 4 1 3 1 1
7 3 4 6 1 3 1 2
2 6 2 5 1 4 3
1 3 9 4 7 2
1 3 12 3 7 2
1 3 2 5 2 7 3
2 2 1 3 7 3 4
3 2 2 4 6 2 4
3 15 7 4
13 6 2
```

빙판에서 스톤을 미끄러뜨려요

B53

난이도 ●●●●●
●●○○○

발리볼이라고도 불러요

B54

난이도 ●●●●●
      ●●

B55

난이도 ●●●●●
●● ● ● ●

법을 대표하는 상징물

B56

난이도 ●●●●●
●● ○ ○ ○

작고 가벼운 공을 주고받아요

B57

난이도 ●●●●●
●●○○○

흰옷을 입은 검객이 가늘고 긴 금속 칼을 빠르게 휘둘러요

B58

난이도 ●●●●●
●●

상상력이 풍부한 주근깨 소녀

B59

난이도 ●●●●●
●● ○○○

나랑 같이 줄넘기하자

B60

난이도 ●●●●●
●●

네버랜드에 사는 자라지 않는 아이

B61

난이도 ●●●●●
●●

행복한 스머프를 싫어해요

B62

난이도 ●●●●●
●●●○

달려요!!!

B63

난이도 ●●●●●
●●●○○

새끼를 주머니에 넣어 다녀요

B64

난이도 ●●●●●
●●●○○

저와 함께 춤을 추실래요?

NemoNemo Logic 고급편 2

PART C

SIZE: 50×50　55×55　60×60

C65

난이도 ●●●●●
●●

농사를 지어요

C66

난이도 ●●●●●
●●●

맛있는 과일들이 한가득!

C67

난이도 ●●●●●
●●●

소원을 말해봐!

C68

난이도 ●●●●●
●●●

성냥 사세요…

C69

난이도 ●●●●●
　　　●●●

각도가 중요해요!

C70

난이도 ●●●●● ●●●

찰리 브라운과 귀여운 그의 강아지

C71

난이도 ●●●●●
●●●

여보세요? 잘 들려?

C72

난이도 ●●●●●
●●●

거짓말을 하면 코가 길어져요

C73

난이도 ●●●●●
●●●●

보득보득 접시를 닦아요

C74

난이도 ●●●●●
●●●●

산책은 신난다멍!

C75

난이도 ●●●●●
●●●●

토닥토닥~ 할머니 시원하세요?

C76

난이도 ●●●●● ●●●●

겨울철 민속놀이

C77

난이도 ●●●●●
●●●●○

Do you want to build a snowman ♪

C78

난이도 ●●●●●
●●●●○

C79

난이도 ●●●●●
●●●●○

나무를 쪼개요

C80

난이도 ●●●●●●●●●●

Column clues (top to bottom):

Column	Clues
1	4 15 4
2	10 12 4
3	5 9 4 3
4	9 12 4
5	3 3 6 7 1 3
6	9 1 1 2 21 1
7	9 1 2 8 1 3
8	9 3 1 4 8 6
9	10 2 1 7 1 6
10	10 2 2 8 3 1 3
11	9 1 2 9 3 1
12	8 2 1 10 2 1 1
13	7 2 2 10 3 1 1
14	6 2 1 10 3 1 1 2
15	5 2 1 1 9 2 1 1 4
16	4 2 3 1 8 5 3 1 1 3 1
17	4 1 2 11 6 1 2 1
18	4 1 3 11 1 2 1
19	4 2 4 3 4 1 2 1
20	5 2 3 4 2 2 1
21	5 2 4 5 3 4 1
22	6 2 6 14 4 2 1
23	6 3 14 3 2 2 1
24	6 3 15 2 4 2 1
25	5 4 15 3 4 1 1
26	5 22 3 3 2 1
27	5 21 3 3 2 1
28	5 1 18 3 4 2 1
29	5 1 14 1 2 4 1 1
30	5 1 6 1 3 5 1 1 1
31	5 1 1 3 6 2 2 1
32	5 1 1 1 3 9 2 1
33	5 1 2 1 3 9 3
34	6 1 1 1 5 10 1
35	6 2 1 2 2 3 10 1
36	7 1 1 5 2 11 1
37	7 2 1 1 3 10 2 3
38	7 1 3 2 3 9 2 2
39	8 2 2 1 1 13 1
40	8 2 3 4 3 9 1
41	9 2 1 7 9 1
42	10 2 2 4 3 3 2
43	11 2 2 4 4 1 4 2
44	12 3 3 4 3 1 5 3
45	13 3 4 1 3 1 4 2
46	14 3 3 1 7 3 1
47	17 5 1 7 2 1
48	15 7 2 7 2 2
49	14 4 9 3 2 2 2
50	13 4 8 2 3 1

Row clues (left to right):

Row	Clues
1	3 46
2	3 46
3	3 46
4	3 45
5	3 10 31
6	1 1 9 4 3 17
7	1 1 8 2 2 7 15
8	1 1 7 2 2 4 3 12
9	1 1 6 2 8 3 10
10	1 1 2 2 8 3 9
11	6 1 1 5 2 8
12	3 1 2 1 4 2 7
13	4 3 2 4 2 6
14	1 1 4 6 1 2 4
15	3 2 1 7 1 2 2
16	3 3 2 9 2 2 1
17	5 2 12 2 2 3 1
18	8 2 12 2 3 2 2
19	3 3 1 12 3 2 2 1
20	3 9 9 2 1 1
21	1 1 10 8 3 1 1 2
22	1 1 1 12 7 1 4 4
23	1 1 1 12 7 1 2 6
24	2 1 1 12 6 1 2 7
25	2 1 1 11 7 1 8
26	2 3 10 11 2 6 2
27	2 3 19 3 7 2
28	2 3 5 10 8 2 2
29	2 3 9 8 1 1
30	2 3 1 5 6 1 4 2
31	2 3 1 1 7 4 1 3
32	3 3 1 1 7 7 1 3
33	3 3 1 7 9 1 2
34	3 3 1 5 12 4 2
35	3 1 1 2 2 14 5 1
36	1 1 1 5 1 18 5 1
37	1 1 8 1 19 3 1
38	1 7 1 1 21 4
39	3 1 2 2 1 2 11 6
40	4 3 4 1 2 6 1 5
41	4 1 1 6 3 2
42	5 1 1 2 2 4 2
43	2 1 3 1 1 4 2
44	2 7 4 4 1
45	4 9 4 7
46	3 6 3 2 5 6
47	3 3 2 1 2 2 2
48	3 2 1 5 6
49	3 2 2 2 2 2
50	3 18 1 1 2

긴 막대기를 이용해 높이 있는 장애물을 넘어요

C81

난이도 ●●●●●
●●●●○

토끼를 쫓아갔더니 이상한 나라로 왔어요!

C82

난이도 ●●●●●
●●●●

토슈즈를 신고 우아하게 춤을 춰요

C83

난이도 ●●●●●
　　　　●●●●●

신비로운 숲의 정령

C84

난이도 ●●●●● ●●●●●

Column clues (top to bottom)

Column	Clues
1	7 4 1 2 1 9
2	2 3 7 2 11 4 6
3	2 16 12 5
4	1 2 14 12 3
5	2 1 2 17 1 2 2
6	7 4 8 1 4 2
7	6 9 2 2
8	3 3 4 1 4 1
9	3 2 2 1 4 1
10	4 2 3 1 1 3 4 1
11	3 5 1 2 2 5 1
12	2 5 1 7 3 3
13	4 3 4 2 1 1 1 1 3
14	5 3 3 2 1 4 1 1 3
15	2 1 2 6 5 6 1 1 2
16	1 2 5 5 4 3 2 3
17	1 2 3 1 2 3 3 1 1 1 1 3 1
18	2 5 2 1 4 1 1 1 1 3 1
19	3 1 3 2 1 1 5 1 5 1 3 1
20	2 1 1 2 5 2 1 5 1 2 1
21	2 1 1 3 4 2 1 1 1 1 3 1
22	4 2 2 2 1 4 1 3 1
23	5 4 1 1 4 1 3 1
24	5 1 1 1 1 5 2
25	2 5 5 1 2 2 2
26	1 3 5 1 3 5 2
27	2 2 1 1 1 3 5 2
28	3 2 4 1 2 3 2
29	4 1 4 1 2 2
30	2 2 1 1 1 2 2
31	2 2 8 3 2
32	2 2 2 1 3 1 2 3
33	3 3 3 7 2 3
34	4 4 1 1 1 2 2 3
35	1 2 2 6 2 5 2 3
36	1 2 2 6 1 1 1 3 3
37	1 3 2 8 1 1 1 2 4
38	1 22 1 1 3 5 2 4
39	2 2 1 3 1 1 2 4 2 4
40	2 1 2 2 1 1 3 2 1 3 3
41	2 2 19 1 1 1 3 1 2 2
42	2 2 21 1 1 2 5 2 2
43	4 2 1 2 2 11 5 2 2
44	2 2 2 2 2 10 1 1 2 2
45	4 3 2 2 11 1 2 2 2
46	2 4 2 4 1 1 2 6 2 2
47	2 3 1 2 3 1 1 1 5 4
48	5 1 2 2 1 1 1 1 1 2
49	2 3 2 3 1 1 1 3 2
50	10 2 4 1 1 2 1 2 3
51	5 2 2 2 11 8
52	2 1 2 2 10 2 2 3
53	7 1 2 2 11 9
54	2 6 2 4 1 1 2 8
55	3 3 2 3 1 1 1 4

Row clues (left to right)

Row	Clues
1	2 2 2 3 3
2	2 2 2 2 3 16
3	2 1 3 1 2 2 13
4	3 1 6 3 2 1 1 2 1 1
5	2 1 1 2 4 2 1 1 2 1
6	2 2 2 1 3 3 1 2 2 2
7	2 4 3 4 3 2 1 1 2
8	1 2 6 6 5 2 2 1 2
9	2 4 5 1 3 3 2 2 2
10	2 2 3 2 2 9 3 2
11	3 2 2 9 1 2 12
12	2 2 3 5 3 1 2
13	5 3 4 2 1 15
14	5 3 3 2 1 15
15	4 7 1 1 2
16	3 3 1 3 2 1 2
17	3 1 1 2 3 1 2
18	3 2 1 1 1 2
19	3 1 2 1 1 2
20	4 1 2 1 1 2
21	4 3 2 1 2
22	4 9 3 1 2
23	4 3 2 2 3 1 2
24	4 2 3 2 2 1 2
25	9 2 2 28
26	8 1 4 28
27	1 4 1 2 1 1 2 2 2 2 2 2
28	2 2 2 1 6 1 2 2 2 2 2 2 2
29	3 1 1 7 1 2 3 3 3
30	3 1 1 3 2 25
31	3 1 1 3 2 2 2 3 3 3
32	7 2 10 1 23
33	3 2 1 2 2 3 3 3
34	3 1 5 2 2 2 3 3
35	3 1 2 6 2 2 2 1 3 3
36	3 1 1 1 5 2 2 1 3 3
37	7 1 5 2 8 3 4 5 5
38	5 2 2 7 2 4 3 18
39	2 9 6 3 2
40	3 4 8 2 3 1 1
41	1 7 4 3 4 1
42	1 11 4 3 6 1
43	2 13 5 10 2
44	1 12 5 2 9
45	1 11 3 6 1 1 2
46	1 1 11 3 11
47	1 2 10 2 6
48	1 3 10 1 3
49	2 3 16
50	2 3 9
51	3 3 1 5
52	2 2 3 3
53	3 15
54	6 21
55	9 24

우리나라의 대표적인 현악기 중 하나예요

C85

난이도 ●●●●●
●●●●●

내가 뒤에서 밀어줄게~

C86

난이도 ●●●●●
●●●●●

긴 널빤지 위에서 뛰며 놀아요

C87

난이도 ●●●●●● ●●●●●

8 1 3 1 2 3 1 8 5
7 4 2 1 2 3 1 14
6 1 1 2 1 3 1 1 1 8 5
6 4 6 2 3 1 1 3 8 5
7 2 2 2 2 3 1 1 1 1 4 5
5 3 1 1 3 3 1 1 1 1 1 10
4 6 2 2 2 1 1 3 3 9
3 2 3 2 1 1 1 2 1 1 7
3 1 3 1 2 1 1 1 4 6
3 1 2 1 3 1 1 4 3 2 5
3 5 2 3 1 1 1 1 1 1 5
12 3 3 1 1 2 1 2 4
1 10 2 1 1 1 2 4 4
2 1 2 2 2 1 1 6 5 4
2 4 3 1 2 1 1 1 4 1 3 3 3
3 4 4 1 1 1 5 3 1 1 2 3
9 2 2 8 3 1 2 1 1 3 1 3
3 3 1 2 15 1 2 3 4 4
1 3 1 2 1 7 5 2 10
4 3 2 4 2 3 2 11
3 3 2 15 3 13
2 5 11 6 13
5 5 8 1 7 14
5 1 3 2 11 4 9
11 2 14 3 1 8
10 1 4 1 12 1 2 8
1 2 6 2 6 11 4 3
1 1 2 2 2 1 10 2 1 2 4
1 1 2 3 9 1 2 1 6
2 1 3 2 7 1 1 2 3
3 1 11 6 1 1 1 3
4 2 1 2 5 5 2 1 2
6 4 1 4 5 4 1 2 1
7 4 1 2 5 4 2 1 2 2
6 1 1 1 9 2 4 1 2 3
5 1 1 1 1 3 3 3 2 1 2 4
4 3 1 6 3 3 3 5
4 1 1 2 6 3 2 1 1 6
3 2 1 2 6 3 3 4 1 8
3 1 3 1 3 4 4 3 2 1 1 8
3 1 2 1 4 2 4 3 1 1 2 8
3 1 2 2 12 5 1 1 4 4
3 1 5 3 9 4 2 1 4 4
3 1 1 4 1 1 4 2 1 1 2 4 4
3 1 1 2 1 2 2 1 2 2 3 5 4
4 3 1 2 3 1 1 2 5 4
4 2 2 2 3 1 1 1 1 1 9 4
5 3 3 2 2 1 1 1 1 14
6 2 2 2 1 2 1 2 3 14
7 2 2 2 2 1 2 3 14
8 4 3 2 2 1 2 2 5 8
7 3 1 1 1 1 2 2 5 8
6 2 2 2 2 3 4 5 8
6 2 2 2 1 7 5 8
7 2 2 2 3 3 5 8

13 5 2 29
12 4 4 26
12 3 5 25
7 1 1 6 7 10
6 2 6 5 4 8
5 12 6 3 9 7
2 1 14 4 1 3 2 3 1
1 3 3 4 3 2 1 4 1
4 3 2 2 4 4 1
4 6 3 6 2 2 3
4 2 2 2 1 3 4 5
1 1 2 2 2 3 4 4 5 1
1 1 1 2 2 4 2 5
3 4 2 3 4 3 2 1
2 3 2 2 3 3 4 4
3 3 2 4 2 4 2
2 4 4 2 2 7 3
1 2 1 3 1 3 5 9
2 1 2 4 1 3 4 4
4 7 2 2 2 4 5
4 8 2 3 3 4 3 3
5 2 6 1 11 3 4
4 2 4 3 2 3 1 1 1 4 6
4 2 3 4 1 18
2 8 4 15 4
3 1 3 5 1 2 7 7 4
5 4 1 1 1 2 2 2 3 2 3
1 5 4 1 1 4 2 2 3 5 1
2 2 2 1 5 4 8
1 1 2 1 6 5 2
3 1 7 7 8
1 2 18 2
16 3 16 7
2 1 2 13 8 8
19 15 9 2
16 9 7
4 4 13 3 5 4
1 6 8 2 3 6
4 7 2 2
2 1 2 1 1
2 1 1 1 1 2
6 4 6 6 6 6 1 9
4 2 2 5 2 1 1 9
4 2 2 4 6 1 1 2 9
4 4 1 6 2 1 4 9
6 2 2 7 4 3 11
7 1 2 8 3 3 9
7 2 3 12 4 1 17
8 7 11 2 2 17
1 4 6 9 2 2 18
11 9 1 2 5 8
26 2 2 20
26 6 21
26 5 22
14 4 4 23

귀여운 초보 마녀의 특별한 모험!

C88

난이도 ●●●●● ●●●●●

(네모로직 퍼즐 / 가로·세로 힌트 숫자 그리드)

Row clues (left side, top to bottom):

```
                    32  8 11
                 13  7 11  5  6
              2  4 11  8  3  3  6
             11  3  3  8  7  6  3
          12  1 10  5  3  2  4  3
              2  6  1  1  8  8  9  2
              1  8  4  1  3  4  1  2  2
        1  2  3  4  3  1  5  2  2  1  2
                 1  9  1  2  1  1  1  2  1
                 1  8  1  2  1  1  1  1  1
           2  4  2  2  1  1  1  2  1  1  1
        1  2  1  2  2  1  1  1  1  1  1  1
        1  1  1  3  1  1  1  1  1  1  1  1
        1  1  1  4  1  1  1  1  1  1  1  1
     1  1  1  4  1  1  3  1  1  1  1  2
        1  1  1  3  2  3  1  1  1  1  1  3
        1  1  2  2  3  2  1  2  1  1  1  3
        1  1  4  4  1  1  2  1  1  2  3
              1  3 14  1  2  1  1  2  1  2
           5  5  6  2  2  1  2  2  1  1  3
          11  6  2  3  1  3  1  2  1  2
             10  7  4  3  3  2  1  3
                10 10  3  1  2  2
              5  3  7  8  2  1  2
              4  9  3  3  2  2  2
              1  9  3  5  2  2  2
              1  3  7  4  4  3  2  3
              1  1  1  3  1  3  5  4
              1  1  1  1  1  4 12  7
        1  1  1  3  4  1  3  2  1  1
              2  3  1  4  2  2  2  1
        3  6  2  2  3  1  4  2  1  2
              8  2  1  3  2  6  2  2  2
           6  1  1  2  4  1  2  3  3  2
              1  5  1  4  1  3  9  2
              1  2  2  1  1  2  3  7
              1  1  1  2  3  1  4  9
                 2  1  2  1  2  3  9
                 1  1  2  5  5  6
              1  1  3  6  2  2  1  5
           1  3  2  4  4  4  1  2  4
        1  1  7  1  2  4  6  1  3  2
     1  2  9  1  5  1  1  1  4  5
        3  7  4  1  1  1  1  1  2  4
          13  1  2  1  2  1  5  2  4
        8  3  2  1  2  5  1  3  3  4
           3  3  1  2  9  6  2  1  1
           2  1  1  7  3  7  3  3
                 2  3 11  5  1  3  3
              1  9  3  5  7  4  2
     1  3  3  3  3  8  9  2  1  2
        2  9  8  3  2  9  5  2
             12  7  4  5  4  4  1
          10  5 11  2  7  1  3  1
                 2 12  6 17  5  4
```

관중을 즐겁게 하는 쇼

C89

난이도 ●●●●●
●●●●●

구스타프 클림트의 대표작

C90

난이도 ●●●●●
　　　●●●●●

헬멧은 반드시 꼭 써야 해요!

C91

난이도 ●●●●●
●●●●

삶바를 잡고 상대를 넘어뜨려요

난이도 ●●●●●
●●●●●

미끄럼틀도 타고, 그네도 타요

C93

난이도 ●●●●●
●●●●●

친구들과 다 함께 불러요

C94

난이도 ●●●●●
●●●●●

단원 김홍도의 작품이에요

C95

난이도 ●●●●●
　　　●●●●●

멜빵바지를 입고 콧수염을 길렀어요

C96

난이도 ●●●●●
●●●●●

슈퍼파워를 가진 가족

C97

난이도 ●●●●●
●●●●●

Column clues (top to bottom, columns 1–60):

Column	Clues
1	2 10 16 16 4 4
2	28 2 3 3 3 2 3
3	21 4 2 2 3 2 3 2
4	7 16 1 1 1 2 5
5	2 14 5 2 11
6	22 4
7	15 5 2 10
8	21 4 2 13
9	4 15 9 1 3 2
10	16 3 18 2 2 2
11	15 3 4 10 2 2 4 7
12	18 4 2 1 2 2 1 6 2
13	7 9 5 1 3 2 4 2 7
14	3 12 8 3 3 2 1 4 2
15	13 1 8 2 2 1 2 1 4
16	15 5 3 5 1 7 5
17	14 4 2 1 1 1 2 1 3
18	13 5 3 1 1 2 6
19	8 4 8 1 2 4
20	12 8 3 2 2 1 3
21	12 8 4 4 2 6
22	4 6 6 1 4 2 2 3
23	6 4 5 2 1 2 7
24	10 6 3 5 4 3
25	3 6 9 8 2 2 2 6
26	7 2 4 4 6 2 4 8
27	15 8 4 4 2 3
28	15 15 1 2 9
29	9 1 1 10 2 1 8
30	5 2 11 1 1 6
31	3 3 11 1 1 3
32	1 6 1 3 3 3 2 1 2
33	10 1 1 1 2 2 2 1 2
34	6 3 1 1 5 2 3 2 2 2
35	8 2 1 1 5 2 1 4 4 2
36	9 1 1 5 1 1 3 11
37	11 2 1 2 2 2 3 5
38	3 1 1 2 1 2 6 2
39	4 5 4 2 7 2 2 3
40	8 18 5 3 4
41	12 10 5 3 6
42	10 4 3 6 1 3 3 6
43	11 5 5 1 7 3
44	13 3 2 1 3 3 3 1
45	7 4 2 6 1 3 3 4
46	5 1 5 3 3 1
47	5 2 2 2 2 4 4
48	11 3 1 2 2 3 6
49	9 2 6 1 2 3 2 2
50	7 2 1 3 1 1 4 8
51	5 2 1 1 4 2 1 4 4 1
52	8 1 1 2 5 3 1
53	2 5 1 3 2 5 6 3
54	4 4 2 2 5 6 4
55	7 1 1 5 2 4
56	11 5 6 4 2
57	13 1 1 3 4 2 6
58	14 1 10 4 5
59	16 1 17 4 4
60	47 9

Row clues (left to right, rows 1–60):

Row	Clues
1	23 8 2 7 2 8
2	31 3 7 3 8
3	3 26 3 7 4 7
4	13 10 5 5 7 4 7
5	8 12 8 5 6 4 6
6	29 5 6 5 6
7	22 6 6 6 5 6
8	3 8 12 3 2 3 5 3 2 5
9	18 10 3 2 4 2 3 5
10	28 5 2 4 1 5 5
11	24 2 5 2 1 2 1 1 3 5
12	21 2 3 3 1 1 1 4 4
13	19 3 1 3 1 1 1 1 1 4
14	13 2 5 1 3
15	16 4 2
16	6 3 3 2 2
17	9 3 1 1
18	4 7 1 1 2
19	11 9 2 1 1 1
20	10 14 1 1 2 2
21	8 16 2 1 2 3
22	2 3 18 6 2 1 1 3 2
23	5 7 10 4 1 2 3
24	4 6 1 6 1 8 3 1 4 5 4
25	3 1 8 4 3 5 5 6 2 3
26	3 8 15 3 15 4
27	2 4 3 9 11 3 4 3
28	2 3 2 8 8 4 4
29	1 1 7 6 8 4 1 7
30	1 1 4 4 3 2 10 3 1 1 2 5
31	2 4 4 3 1 8 6 1 4 1 2 3
32	1 4 1 1 5 4 1 2 2 3
33	1 3 2 1 3 6 3 3 1 1 3 3 2
34	1 2 3 2 2 3 8 4 1 1 2 2 2
35	3 3 1 1 2 3 1 3 1 2 3 2
36	2 1 2 3 1 2 1 1 2 1 2 2 2
37	2 1 2 3 1 1 2 1 2 1
38	1 2 1 4 3 1 1 2 2 1 2 1 1
39	1 1 4 7 2 2 1 1 1 2 2 1
40	3 2 4 3 4 1 2 1 1 2 1
41	2 1 4 4 2 1 7 2 4
42	2 2 3 1 2 3 3 2 2 2 2
43	1 2 2 2 2 3 9 2 1 2
44	3 3 3 2 2 7 2 2 2
45	2 2 1 1 1 5 2 5 2 1 2 1
46	2 2 2 2 1 2 2 2 1 3 1 1 1
47	1 1 3 4 5 2 13 3 1
48	1 1 1 2 3 3 2 1 2 1 11 1 3
49	1 2 2 2 2 2 3 2 1 1 7 1 2 1
50	3 1 1 2 2 2 3 2 2 2 2 2 1
51	2 1 2 2 2 2 6 1 2 1 2 1 1
52	1 1 2 5 5 4 1 1 2 1 2 1 1 1 1
53	1 1 1 2 2 1 2 2 2 4 1 2 1 1 2 2 3 1
54	2 1 5 1 1 4 6 2 1 2 1 1 2 1
55	2 1 5 10 3 1 1 1 1 1 3 1
56	2 2 2 1 4 2 2 1 1 2 1 1 1
57	1 2 2 1 3 2 2 1 4 2 1 2
58	1 2 2 1 3 2 3 1 3 3 1 2
59	2 2 1 3 3 2 1 2 2 1 2
60	1 2 1 3 3 7 3 1 2

대자연의 수호신을 그린 애니메이션

C98

난이도 ●●●●●
●●●●●

우디와 버즈가 나와요

C99

난이도 ●●●●●
●●●●●

백만 볼트 공격!

C100

난이도 ●●●●●
●●●●●

Row clues (top to bottom):

- 6 7 3 13 14
- 3 6 5 1 2 3 1 2 17
- 1 1 4 5 2 5 1 2 18
- 1 1 4 4 4 1 4 2 1 5 11
- 4 2 6 3 2 2 3 2 5 5 3
- 7 5 6 2 1 2 5 5 1
- 1 5 6 4 3 2 5 5 4 1
- 1 1 3 2 2 6 6 2 5 2 2 5 1
- 2 8 1 2 1 4 1 3 2 2 2
- 8 1 1 6 1 2 2 3
- 6 3 2 4 2 2 2 6
- 3 10 2 1 2 2 2 2
- 2 1 9 5 7
- 5 2 1 2 1 3
- 2 4 6 4 6
- 2 5 2 3 3 3
- 2 3 4 4 4 2
- 2 1 1 3 1 5 8
- 15 4 7 2
- 2 5 5 1 2 2 5
- 5 3 1 3 3 1 2 5 2
- 2 1 1 1 1 2 4 7
- 2 1 1 1 1 1 1 1 7
- 11 1 5 2 5
- 4 7 1 7 2 5 1
- 4 7 6 6 9
- 5 4 3 3 4 3 6
- 7 4 1 2 10 8
- 11 2 15 4
- 6 1 2 2 5 2
- 5 1 2 2 2 1 1
- 2 1 1 1 7 8 1 1 2
- 2 5 9 4 2 4 1 2 1
- 1 1 1 4 2 2 4 1 1 5 1
- 1 5 1 1 1 1 1 1 4 4
- 1 3 1 1 7 7 6
- 2 4 4 1 4 1 1 1 1
- 5 7 10 1 6
- 1 8 1 2 2 4
- 2 10 3 4 3
- 28 3 2 1
- 30 2 1 1
- 14 4 1 2 2
- 12 10 3 1 1
- 9 3 3 1 2 1
- 4 7 7 2 2 2 2
- 7 6 9 3 3 4
- 9 6 9 3 2 2
- 9 24 2
- 10 4 25 1
- 10 8 21 3 1
- 21 20 4 1 4
- 1 17 17 5 3
- 14 10 10 3
- 13 6 8 1
- 5 13 9
- 8 5 2 4 8
- 9 2 8 6 12
- 10 1 8 3 4 10
- 10 1 11 8

수천 개의 풍선을 달아 집을 둥실 띄웠어요!

C101

난이도 ●●●●●
　　　　●●●●

바닷속으로 들어가 해산물을 채취해요

C 102

난이도 ●●●●●
●●●●●

C103

난이도 ●●●●●
●●●●

뒤에 앉은 사람도 열심히 페달을 밟아야 해요

해답

NemoNemo Logic 고급편 2

PART A

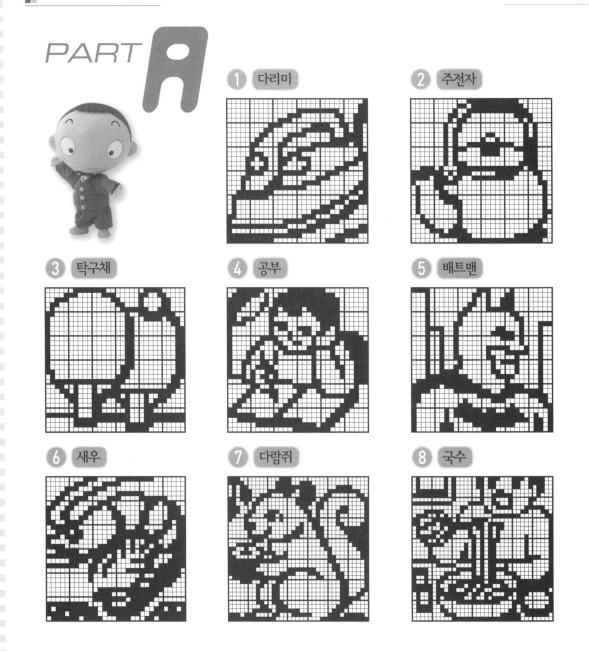

① 다리미
② 주전자
③ 탁구채
④ 공부
⑤ 배트맨
⑥ 새우
⑦ 다람쥐
⑧ 국수

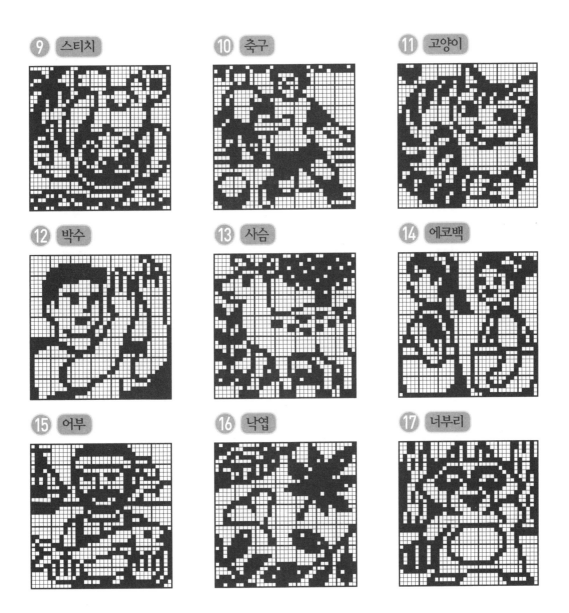

⑨ 스티치　　⑩ 축구　　⑪ 고양이

⑫ 박수　　⑬ 사슴　　⑭ 에코백

⑮ 어부　　⑯ 낙엽　　⑰ 너부리

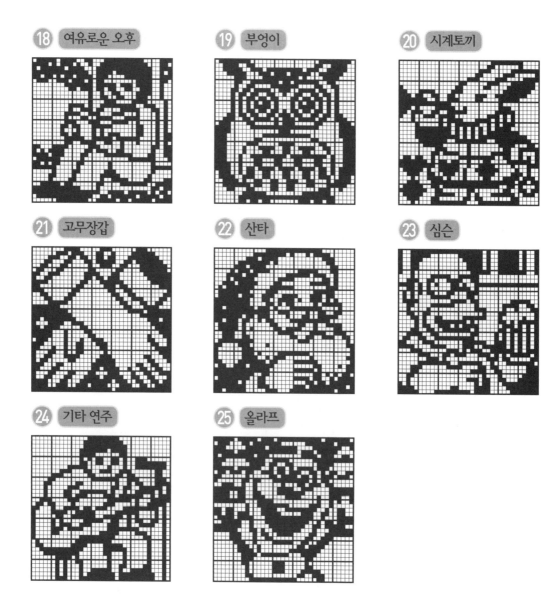

18 여유로운 오후

19 부엉이

20 시계토끼

21 고무장갑

22 산타

23 심슨

24 기타 연주

25 올라프

PART 8

26 결혼

27 손오공

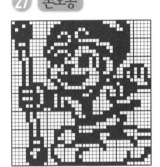

28 역도

29 코난

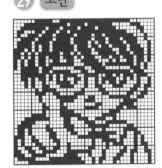

30 코끼리

31 배드민턴

32 신데렐라

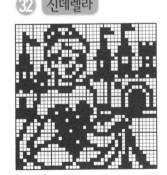

33 케로로

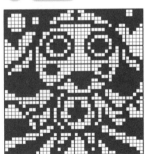

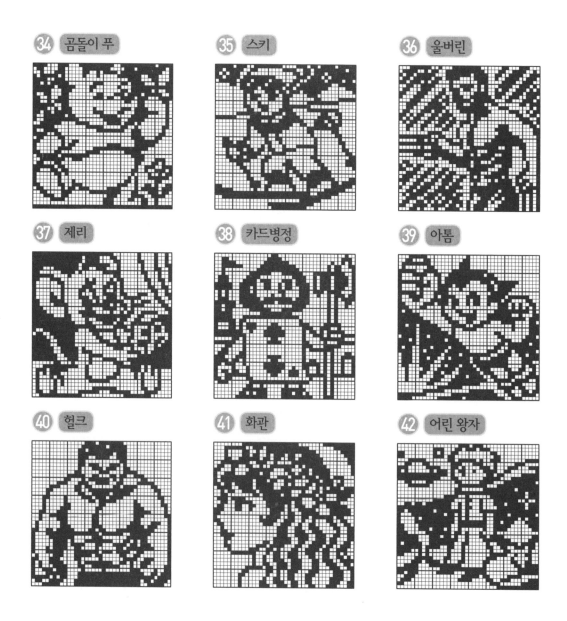

34 곰돌이 푸

35 스키

36 울버린

37 제리

38 카드병정

39 아톰

40 헐크

41 화관

42 어린 왕자

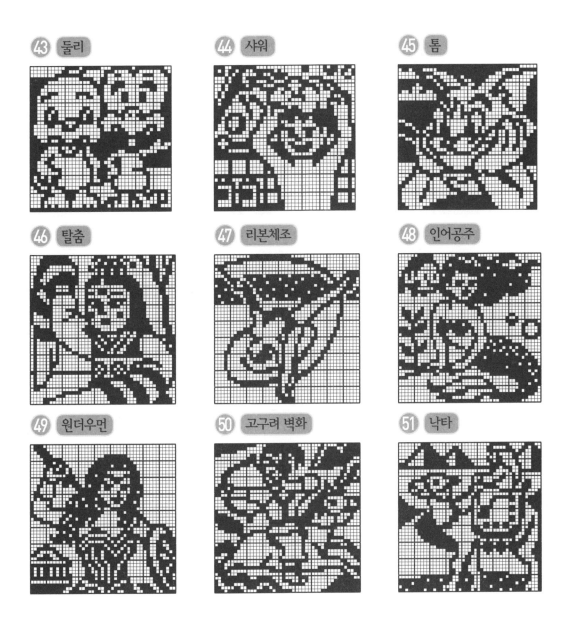

㊸ 둘리

㊹ 샤워

㊺ 톰

㊻ 탈춤

㊼ 리본체조

㊽ 인어공주

㊾ 원더우먼

㊿ 고구려 벽화

51 낙타

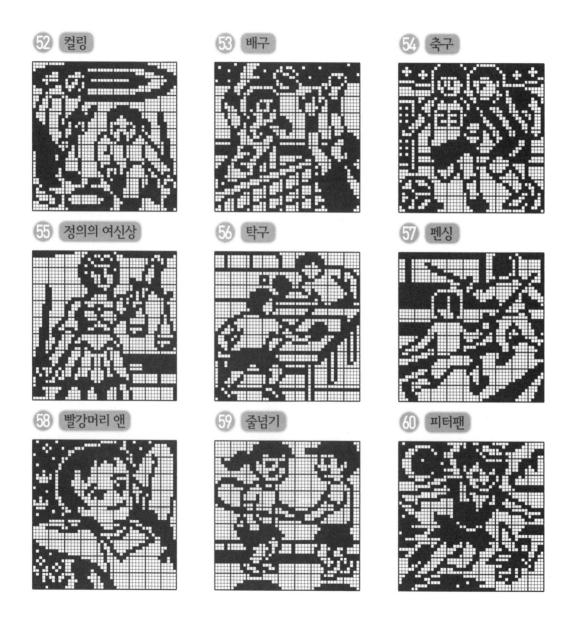

52 컬링
53 배구
54 축구
55 정의의 여신상
56 탁구
57 펜싱
58 빨강머리 앤
59 줄넘기
60 피터팬

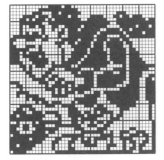

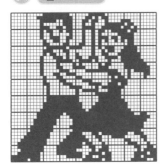

PART ⊂

65 농부

66 과일 바구니

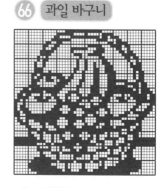

67 램프의 요정

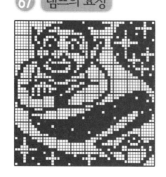

68 성냥팔이 소녀

69 당구

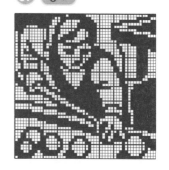

70 스누피

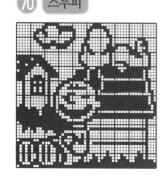

71 종이컵 전화

72 피노키오

73 설거지

74 강아지 산책

75 안마

76 팽이치기

77 눈사람 만들기

78 어린이 도서관

79 장작 패기

80 장대높이뛰기

81 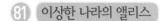 이상한 나라의 앨리스

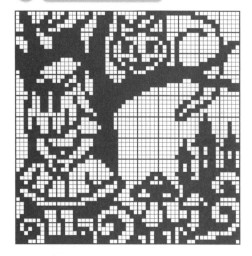

82 발레

83 토토로

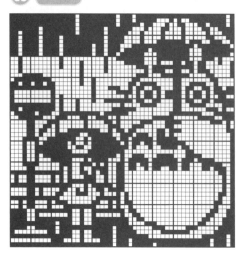

84 가야금

85 그네타기

86 널뛰기

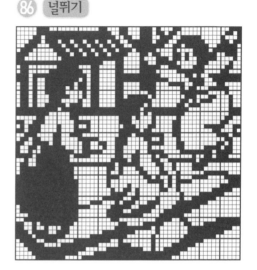

87 마녀 배달부 키키

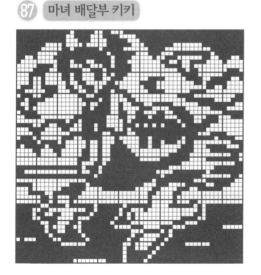

88 서커스

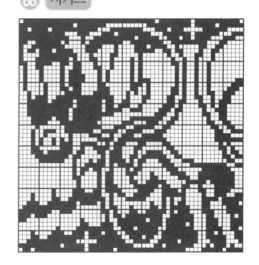

89 클림트 키스

90 스쿠터

91 씨름
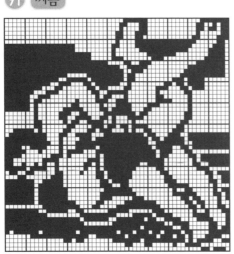

92 놀이터

합창

 서당도

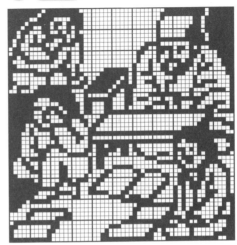

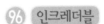 슈퍼마리오

96 인크레더블

97 원령공주

98 토이 스토리

99 피카츄

100 업

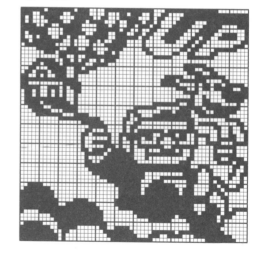

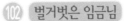

[온라인 서점 독자 서평]

N·E·M·O·N·E·M·O·L·O·G·I·C

일본에서 만들어졌다는 이 퍼즐은 숫자에 대응되는 칸을 색칠해 작품을 만든다. 네모네모 로직을 즐겨하고 내가 직접 만들어서 풀기도 한다. 퍼즐의 차원을 뛰어넘어 예술적인 면이 높고, 수리력과 논리력의 발달에 도움이 되는 네모네모 로직은 자라나는 청소년과 기억력이 감퇴되어 가는 노인들에게도 좋은 취미가 될 것 같다.

→ → → → → → → → → → geniusmi

로직에 한번 빠지면 정말 중독되기 때문에 쉽게 빠져나올 수 없게 된다. 일단 시작하려는 사람이라면 신중하게 생각해 보고 결정을 내리기를 바란다. 어떻게 내가 로직에 빠지게 되었는지는 잘 모르겠지만 이 책으로 인해서 더욱더 로직에 빠졌다는 것은 부인할 수 없는 사실이다. 이 책에 있는 로직 하나하나가 정말 잘 만들어져 있어서 완성하고 나면 정말 그 기분은 말로 설명할 수 없다. 간혹 아마추어들이 만든 로직을 해 보곤 했는데 아무래도 전문가가 만든 로직에는 비할 바가 아니다. 따라서 아마추어 로직에 질린 사람들도 전문가가 만든 이 로직을 해 보기를 강력히 추천한다.

→ → → → → → → → → anaviator

네모네모 로직이라는 책은 시간 때우기에 아주 좋은 책이다. 머리를 쓰면서 네모네모들을 하나씩 채워 가면 어느새 하나의 그림이 완성이 되어간다. 솔직히 로직은 책보다는 나에게 게임으로 먼저 다가왔다. 예전 오락실에서 로직을 응용한 게임을 보면서 참신하다고 재미있게 했었는데 도서에서 찾아보니 로직이 나와 있는 게 아닌가? 비록 오락실처럼 잘못 완성하는 과정이 나오면 제한이 걸리면서 보정되어 지는 게 없이 순전 계산에 의해서만 완성하다보니 어려운 것이 사실이지만 한 게임 한 게임할 때의 집중도는 다른 책보다 높다.

→ → → → → → → → → → pinkblue81

중3때 수학선생님께서 나눠주셨던 네모네모 로직! 처음에는 하는 방법도 전혀 몰랐고 이게 뭐냐면서 살짝 접고 친구들과 담소를 나누었다. 네모네모 로직의 매력을 느끼게 되었던 건 다음 수학시간 선생님께 하는 방법을 배우고 그 매력에 아주 '푹' 빠지고 말았다. 네모네모의 중독성이란 그야 말로 대단했다. 하루 종일 네모네모만 잡고 있었으니 말이다. 예전의 네모네모 로직 초보 때 쩔쩔매며 제일 쉬운 것도 아주 어렵게 풀었던 내가 이제는 자신 있게 네모네모를 펴놓고 능숙하게 풀 수 있다는 자부심을 가지기까지 아마도 머리를 무진장 썼을 것이다. 수능 끝나고 나면 한 권 사서 다시 네모네모에 불을 붙일 것이다. 영원한 내 사랑 네모네모 로직! 사랑합니다. ^^

→ → → → → → → → → → 멋진허군

초등학교에는 재량시간이라는 것이 있어서 어린이들 소질 계발 차원으로 여러 가지를 다양하게 경험하게 해 준다. 우연히 네모네모 로직을 풀고 있던 선생님을 보고 한 쪽을 복사해서 나도 풀어보았다. 규칙을 배우고 풀어보니 참 재미있었다. 우리 반 아이들에게도 가르쳐주기로 결심했다. 아침자습시간을 이용해 문제지를 직접 그려서 나누어주었다. 처음에는 머리를 쥐어뜯던 아이들이 나중에는 한 장 더 달라고 졸랐다. 스스로 그림을 그려 만든 문제지에, 힌트가 되는 숫자를 바깥에 죽 적어놓고는 갖고 와서 자랑을 하기도 했다. 대부분의 어린이들이 무척 즐거워했다. 일단 알고 나면 그렇게 재미있을 수가 없다. 우리들이 흔히 킬링타임용 영화라는 것을 보기도 하는데, 이 퍼즐을 푸는 것도 색다른 재미를 듬뿍 선사한다. 킬링타임에 두뇌회전까지 요구하니깐 어느 책이건 한 권을 골라 도전해보자. 처음엔 머리가 뜨끈뜨끈하지만 결국 엄청난 재미를 선사하는 네모네모 로직을!!!

→ → → → → → → → → → 점돌이

막힘없이 풀리니까 즐거움이 2배!

가족과 친구와 함께하는 즐거운 취미 생활

5 x 5 크기의 문제들로 시작해서 초보자도 쓱쓱 풀 수 있어요.
소중한 사람들과 함께 네모네모 로직의 매력에 빠져보아요!

네모네모 로직 고급편 2

초판 1쇄 펴냄 : 2018년 9월 19일
초판 13쇄 펴냄 : 2024년 1월 24일

편   저 : 제우미디어
발 행 인 : 서인석
발 행 처 : 제우미디어
등 록 일 : 1992. 8. 17
등록번호 : 제 3-429호
주   소 : 서울시 마포구 독막로 76-1 한주빌딩 5층
전   화 : 02) 3142-6845
팩   스 : 02) 3142-0075

I S B N : 978-89-5952-693-2
            978-89-90886-83-5(세트)

※ 값은 뒤표지에 있습니다.
※ 파본은 구입하신 서점에서 교환해 드립니다.

만든 사람들
출판사업부 총괄 손대현
편집장 전태준 | **책임편집** 홍지영 | **기획** 상윤선, 박건우, 안재욱, 조병준, 성건우
영업 김금남, 권혁진 | **문제 디자인** 나영 | **표지·내지 디자인** 디자인수